Sitaad

Is-dareen Gelinta Diineed ee Dumarka Soomaaliyeed

Ahmed Ibrahim Awale

Muuqaalka dahaadhka buugga waxa naqshadaysay Suzane Lilius

Ilaahaan baahanee loo baahan yahayoow,
Alla Ilaahaan baahanee loo baahan yahayoow,
Aduun baa lagu baryaayaa Boqorka weynoow.
Adaan kuu baahannahay Boqorka weynoow.

_____ Sitaad

5

TABLE OF CONTENTS

HIBAYN

Waxa aan buuggan u hibaynayaa dumarka Sitaadka
ee ammin ku siman boqollaal gu' isu xilqaamay in
ay Alle ka-cabsiga iyo wanaagga ku faafiyaan
xaawaleeyda dhexdooda. Waxa ay ka howl geli
jireen xilliyo raggu (oo ay ku jiraan culimadoodu)
aysan mudnaan siin jirin in ay aqoonta diinta
Islaamka u gudbiyaan dumarka.

A NOTE FOR ENGLISH READERS

Sitaad is a genre of religious panegyrics laced with spirituality and a yearning to emulate and fuse with some respected earlier women of Islam - most notably Fatima (the daughter of Prophet Muhammad – Peace and blessings be upon him) and others who lived before the coming of Islam such as *Xaawa* (Eve). The term *Xaawaleey* which can be translated as 'the party of Eve' alludes to that common bond and shared identify among women which transcends time, space and belief. Other than its spiritual significance, it is a medium where some women turn up to temper any negative feelings giving them trouble, and eventually it assists them reconcile with the reality of world they live in. When the incanting, often accompanied by clapping and drumming, reaches its climax, some even pass into ecstasy and spiritual intoxication (*jibbo*), in which they later emerge strong out of the session, relieved, full of optimism and energy to face the challenges of their immediate future. For children, it is a festive occasion and for wayfarers, a place where they can quench their thirst and satiate their hunger.

Moreover, in contrast to the local contemporary women institutions working in women empowerment programs whose actions are often looked at by most men with suspicion, women of Sitaad never use it as a forum to conspire against men or challenge their hegemony. Instead, they use such occasions in consoling those among them who suffered bereavement or experienced misfortune, help their sick and poor, and enjoin the good and advice themselves against evil doing. An ideal character every women of Sitaad wants to be identified with is *Raalliyo* (the Good Woman) which is synonymous to the Arabic word *Mar'at-u-Saliha* who has a place of esteem in Islam. A woman who is *Raalliyo* can be contrasted with *Arliyo* – an unruly and rebellious one.

This book looks into the history of Sitaad and its place in the Somali culture. It also looks into the transformation it has gone through during the past two decades and the impact of contemporary revivalist Islamic movements on its continuity. While the book underlines the important role women of Sitaad played in disseminating some basic facts about Islam within the circles of womenfolk, it also laments the attitude of men that deprived them the right to learn and practice their faith. The women were seen only to serve assisting their husbands in fulfilling their spiritual journey leading to the bliss.

Finally, the book also documents more than a dozen Sitaad songs discussing different issues such as spirituality, fidelity, peace, philanthropy etc. It is also a reflection of the concerns and yearning of Somali women which has always been overlooked.

Ahmed Ibrahim Awale

SOO KOOBIDDA BUUGGA

Iyada oo markeeda horeba raggu yaraysan jireen suugaanta haweenka, ayaa haddana Sitaadku ka sii xag jiraa oo aan raggu xaalayn jirin.[1] Sitaadku waxa uu u taagan yahay suugaan diineed xambaarsan ruuxaaniyad, u hilow iyo rabitaan ku-dayasho tusaale sare oo ku suntan ama ku qofaysan haween hore oo diinta Islaamka magac iyo maamuus ba ku leh iyo qaar ka horreeyayba (Islaamka) sida Xaawa oo ahayd hooyadii ugu horraysay. Sidaas awgeedna, magaca 'Xaawaleey' ayaa muujin u ah xidhiidhkaas iyo dunta isugu xidhan dumarka ee aan ku xidhnayn xilli, meel iyo rumayn toona (caqiido). Sitaadku waxa kale oo uu ahaa madal ay dumarku iskaga furdaamiyaan haddii uu jiro dareen weecan oo ka dhasha tabasho, dudmo ama dilmo kaga timaadda ragga qaarkood. Marka lagu gudo jiro Sitaadka oo badiba jiibta lagu lammaanaysiiyo sacab iyo durbaan, dumarka qaar waxa haleela jibbo ama waxa loo yaqaanno muraaqo (muraaqood). Sitaadku waxa uu suurto geliyaa in qofka dumar ahi ay madasha kala tagto xasillooni, yididiilo iyo in ay si fiican ula jaan qaaddo (isna oggolaysiiso) saansaanka ku xeeran, isla markaana ay ka hesho tamar iyo firfircooni ay ugu babac dhigi karto

---

[1] Suugaanta mudh baxday ee Soomaalida waxa baarkeeda sare ka mid ah gabayga "Sirta Nolosha" waxana ku jira tixdan ".. Suugaantu iib maaha; erey iyo sunnee maaha; hugun iyo Sitaad maaha....". (Maxamed Ibraahin Warsame "Hadraawi", *The Poet and the Man* (2013), Vol.1, Ponteinvisibile, bogga 113).

dhibaatooyinka maalinlaha ah ee ka hor iman doona. Sitaadku waxa uu u ahaa Carruurta maalin ciideed oo kale, socotadana meel ay kaga haqab beelaan harraadka iyo gaajada.

Dhinaca kale, si ka geddisan ula jeeddooyinka ururrada haween ee beryahan dambe soo shaac baxay oo u jira awoodsiinta dumarka – kuwaas oo badiba raggu dhaqdhaqaaqyadooda ku eego il tuhun, dumarka Sitaadku marnaba uma adeegsadaan isu-imaatinkooda xadhig-maleegid iyo ka hor imaanshaha kaalinta ragga ee ku suntan in ay ka mudan yihiin – haba ka dhalato arrin dhaqan ama mid diineed ba e. Waxa ay se ka dhigtaan madal ay ugu laab qaboojiyaan kuwa iyaga ka mid ah ee ay haleeshay ama la deristay ayaan-darro; waxa ay ugu gargaaraan kuwooda buka iyo kuwa saboolka ah. Waxa ay isku faraan iskuna waaniyaan wanaagga, waxana ay iskaga digaan xumaanta. Ugu dambayn, qofnimo ay gabadh kasta is-tidhaahdo u hiloow, isla markaana ay jeceshahay in lagu tilmaamo iyada waxa ay tahay "Raalliyo" oo u dhiganta "Mar'at-u-Saalixa" oo ah tilmaan lagu ammaanay dhaqanka Islaamka gudihiisa. Tilmaan ku liddi ah "Raalliyo" waxa ay tahay "Arliyo" oo u taagan qof dumar ah oo kacdoon badan isla markaana aan hoggaansamin.

Buuggani waxa uu soo bandhigayaa sooyaalka Sitaadka, meel-kasoo-jeedkiisa, madasha, arrimaha kala duwan ee lagu qabsado, is-dhalan rogga ku socda xilliyadan dambe, muuqaallada cusub ee uu yeelanayo iyo oddoroska timaaddada. Waxa kale oo uu lafa gur ku samaynayaa saamaynta ay dhaqdhaqaaqyada Islaamiga ah ee dambe ku yeesheen jiritaankiisa iyo joogtayntiisa. Dhinaca kale, tiiyoo buuggani xusayo kaalinta ballaadhan ee ay dumarka Sitaadku ku lahaayeen in ay bilista (xaawaleeyda) kale ku dhex faafiyaan qaybo ka mid ah nuxurka Islaamka, ayaa aan haddana raggu gacan ku siin jirin xaqa ay u lahaayeen barashada iyo ku dhaqanka diinta. Bal se raggu waxa uu dumarka u arki jiray in ay u jiraan in ay iyaga ku kaalmeeyaan socdaalkooda ruuxiga ah ee gaadhsiin kara Jannada.

Iyada oo ay dhif yihiin qoraallada ku saabsan Sitaadku, buuggani waxa uu qaadaa dhigayaa sooyaalka iyo dhaqanka Sitaadka, waxana aan qoraal gelin u sameeyay ama ku gudo jira ama aan ku ladhay (lifaaq) meerisyo kala duwan oo ku saabsan arrimaha ay ka mid yihiin ruuxaaniyaadka, anshaxa, nabadda, sama-falka iyo guud ahaan dareenka iyo maan kaashiyada (fikradaha) dumarka ka dhex guuxaya ee badiba aan inan-rag dhegta u dhigin ama hoos u daymoon.

Iyada oo ay sidaas tahay, haddana waxa aan qiri lahaa in aqoonta diineed ee ku yarayd dumarka awgeed, iyo diin-jacaylkooda darteed, in weedhaha qaarkood ee ku jira meerisyada Sitaadka toos loola xidhiidhin ama loo arki karo Shirki – kuwaas oo lagu sixi karo aqoon.

Axmed Ibraahin Cawaale

MAHADNAQ

Ka sokow xasuustaydii carruurnimo ee fagaareyaasha Sitaadka aan tafta haysan jiray hooyaday, xogaha buuggan aan ku soo ururiyay waxa ay iga soo gaadheen dad tiro badan oo u badan dumar – qaar aan toos ula xidhiidhay iyo qaar dad aqoonni ahi (aannu is-naqaanno) ii soo gudbiyeen oo kala jooga meelo dhow iyo meelo dhaadheer – tiiyoo farsamada internet-ku ii fududaysay war-is-dhaafsigaas.

Dadka sida gaarka ah aan u xusayo waxa ka mid ah:

- Xasan Ali Diiriye (Xasan Dallac) oo xogo aad u qaayo badan oo isugu jira waraysiyo iyo meerisyo Sitaad oo uu soo ururiyay ii fidiyay – isaga oo isku howlay in uu cod ahaan ku soo duubo. Waxa kale oo uu Xasan isha mariyay, kana faallooday qabyo qoraalkii buuggan. Wax ku darsigiisanina waxa uu buuggan u yahay laf dhabar.

- Laba dumar ah oo u dhashay dalka Finland oo xiiseeya Afka iyo dhaqanka Soomaalida, waxana ay kala yihiin Marja Tiilikainen oo ii fidisay aqoon-baadhis Sitaadka ah oo ay Hargeysa ku samaysay, qaybna ka ahayd taysadeedii shahaaddada PhD-da, iyo Suzane Lilius oo ii oggolaatay in aan adeegsado, muuqaalka (sawirka) ku dhejisan dahaadhka buugga.

- Sheriff Shike oo iga gacan siiyay habaynta farsamda buugga.

- Saida Sheikh Ahmed oo ii fidisay xogo la xidhiidha Sitaadka – siiba qaabka looga tunto dhulka Banaadir iyo Jubbooyinka ee koonfurta Soomaaliya.

- Xamda Maxamed Xuseen oo tifatir ku samaysay qabyo-qoraalka buugga – siiba dhinaca higaadda.
- Jaamac A. Egal (Gaabuush) oo tifatir ku sameeyay buugga.
- Kaltuun Osman-Rivers (Baanday) oo si la mid ah goor walba u darbanayd in ay iga gacan siiso buugga, tixraac ku saabsan Sitaadkana ii soo gudbisay.
- Hooyaday Xalwo Cige Cumar oo xasuusteeda dib ugu giraangirisay kulannadii Sitaadka iyo walaashay Basra Ibraahin Cawaale oo ila wadaagtay waayo aragnimadeedii Xaawiyo-Faadumaysiga.

Qoraaga

GAAGAABSI

EHUN	Eebbe ha u naxariisto
EHKRA	Eebbe ha ka raalli ahaado
MKD	Miilaadi ka dib
NKHA	Nabadgeliyo korkiisa ha ahaato
NNKHA	Naxariis iyo nabadgeliyo korkiisa ha ahaato
SOK	Sarree oo Korreeye (Subxaanahuu wa-tacaala)

SITAADKA

Sitaadku ama Abbaay Sitidu, waa suugaan diini ah oo u gaar ah haweenka siiba dumarka da'da ah (islaamaha) iyo kuwa la qabo. Ha yeeshee da' waliba waa ay ka qayb galaan – haba u badnaadeen kuwa hore e.

Erayga Sitaad waxa uu kasoo jeedaa erayga af Carbeedka ah ee *'sayidaat'*. Hab dhaca meerisyada Sitaadka iyo nuxurka ay xambaarsan yihiin waxaa lagu soo sooci karaa qaab-heeseedka diiniga ah ee lagu yaqaanno dadka madowga ah ee Carriga Maraykanka ee loo yaqaanno *'Gospel songs'* oo u dhigan 'shallaadkii' culimadii hore ee Soomaaliyeed ku luuqayn jireen. Dhinaca kale, waxa Sitaadka ku dheehan ruuxaaniyad ay dumarku iskaga maydhaan culayska nasfiga ah, cidhiidhyowga nolosha iyo mararka qaarkood saamaynta taban ee kaga timaadda hab dhaqanka gudbinta ku salaysan ee raggu kula dhaqmo dumarka. Waxa isu yimaadda xaawaleeyda (mid wayn iyo mid yarba) waxana ay qaadaan *'Madiix'* ama ammaan ku aaddan dumar hore oo caan ku ah sooyaalka Islaamka sida Faadumo Sahra (inantii Rasuulka NNKHA), Khadiija iyo xaasaskiisii kale, Xaliimo Sudciyo (Xaliima Sacdiya - oo ahayd nuujisadii Rasuulka) iyo qaar ka horreeyay ba sida Xaawa iyo Aamina-bint-Wahab (hooyadii Rasuulka NNKHA).

Sitaadku waxa kale oo uu tilmaame u yahay is-dugsiga iyo xidhiidhka gaarka ah ee ay wadaagaan haweenku iyo dhinaca kale xuska iyo u heellanaanta haweenkaas hore –

laga soo bilaabo Xaawa. Magaca 'Xaawaleey' ayaa muujin u ah xidhiidhkaas iyo dunta isugu xidhan dumarka.

Bilowgii sitaadka

Sheeko-dhaqameed hore oo Soomaaliyeed baa odhonaysa in Sitaadku ama Abbaay Siti-du ka soo bilaabmay Jasiiradda Carabta siiba xilligii bilowgii Islaamka. Waxana ay sheeko-dhaqameedkaasi sheegaysaa in ay ahayd Faadumo-Sahra tii bilowday Sitaadka.

Waxa ay dumarka Sitaadku sheegaan in Faadumo-Rasuul (Eebbe ha ka raalli noqdee - EHKRN) xilligii ay caloosha ku sidday Xasan iyo Xuseen (EHKRN) u tagtay rasuulka (NNKHA) ayna waydiisatay in uu u oggolaado in ay dhiibato (sadaqaysato) raashin, dabadeedna, sida ay sheekadu u dhigan tahay, waxa uu ku yidhi "Saygaaga weydiiso". Intaas kadib, waxa ay u tagtay Cali ibnu abii Daalib (Eebbee foolkiisa ha maamuuso e), si la mid ahna ayay ugu soo ban dhigtay arrinkii - iyadoo dhahaysa "ii oggolow in aan wax baxsado (dhiibto) oo aan haweenka iyo carruurta u cunno kariyo". Deedna Cali wuu u oggolaaday in ay Sitaaddo oo ducaysato; deedna (sida ay sheegaan) si howl yar ayay ku ummushay Xasan iyo Xuseen. Sheekadani waxa ay u dhigan tahay ama sal u tahay dhaqanka 'Taraaraysiga' ee ay dumarka uurka lehi samaystaan, madasha Sitaadkana loogu duceeyo si Eebbe ku kala keeno (ku ummusho) dhib yaraan.

Dhacdadan aynnu kor ku sheegnay ee bilowga Sitaadka ma
jiraan werin xadiis oo xoojin u noqon karta, ha yeeshee waxa
ay u dhigan tahay uun sheeko-dhaqameed haybad iyo
maamus loogu samaynayo dhaqanka Sitaadka. Waxa se aan
la fogaysan karin in Sitaadka lala xidhiidhin karo dhaqan
hore oo duugoobay oo weli ku sii dambeeyay Oromada –
kaasoo ahaa weynaynta iyo ammaanta ay Oromadu u gaar
yeeli jireen *Atete*[2] oo ay la beegsan jireen cibaadaysi iyada oo
laga naawili jiray in ay wax ka tarto taranta. Waxana loo
samayn jiray xilliyo go'an xusitaan (xus) leh heeso iyo
ciyaaro. Waxa xusid mudan in Soomaalida iyo Oromaduba
ay Islaamka ka hor caabudi jireen diin-al-Waaq.[3]

Waxa kale oo laga dheehan karaa arrinkan sida ay dumarka
laf ahaantoodu ugu ciillanaayeen in ay helaan tusaale sare oo
ku-dayasho mudan. Maxaa yeelay, ammaanta (Madiixa)
kala duwan ee ay dumarku u tiriyaan dumarkii hore ee
mudnaanta iyo maamuuska ay huwiyeen sida Faadumo-
Sahra, ooriyhii Rasuulka siiba Khadiija iyo Caasha, iyo
dhinaca kale Xaawa (hooyadii u horraysay), waxa
dhammaan laga dhex dheehan karaa ku-dayasho – taasoo
isugu soo biyo-shubmaysa in ay noqdaan dumarka Sitaadku
ooriyo wanaagsan iyo xile jannooyin. Waxa xusid mudan in
madasha Sitaadka marnaba aanay dumarku u adeegsan jirin
kacdoon iyo in ay kasoo hor jeestaan raggooda.

---

[2] Kapteijns, Leo, Somali Women's Songs for First Ladies of Early
Islam, ISIM Newletter, Vol. 3, 1998

[3] Diin-al-Waaq iyo diino kale oo ka horreeyay Islaamka oo lagaga
dhaqmi jiray carriga Soomaaliyeed waxa aan kaga hadlay buugga
Dirkii Sacmaallada.

Iyada oo uu arrinku sidaas yahay, ayaa haddana waxa u weheliyay, sida laga dhadhansan karo meeriskan soo socda, in marwooyinkaas hore lagu 'tawasuli jiray' ama loo adeegsan jiray jaranjaro ruuxi ah si ducada looga yeelo (oggolaado) dhinaca cirka. Bal u fiirso tuducan soo socda:

Umu Xasan ummu Xuseen Saadada hooyadood
Sahraay xuskaa waxaan u galay
Inaan miciinayoo muraadkii san kaa helaa!

Iyada oo marka horeba aqoonta diineed ee Soomaalidii hore aysan xoogganayn, waxa halkan innooga iftiimi kara in ay dumarkuna ka sii xag jireen oo meel gooddi ah (dacal) laga joojiyay arrimaha la xidhiidha nolosha dhaqan-dhaqaale iyo diineedba.   Haddaba si la mid ah ayaan iyagana lagula dadaali jirin ama lagula tahanbaabi jirin barashada diinta. Waxana tusaaale innoogu filan in oorida nin u dhaxday ay heegan u ahaan jirtay uun in ay waysada u biyayso; saygeedu se marnaba ku dhiirri gelin jirin in ay tukato – sidii aan iyada lagu faral yeelin ba! Waxana laga yaabaa in uu uga jeeday tashiilidda biyaha suququlka ku ah nolosha dhulka miyiga ah. Sidaas ayay ku soo baxday odhaahda Soomaalida dhexdeeda caanka ka ahaan jirtay ee ahayd "… *habar tukata hadday ka tahayna!"* oo loola jeeday marka la tilmaamayo arrin ama dhacdo la tilmaamayo dhifnimadiisa.

Baahida cibaadaysi iyo in cid la caabudo waxa ay aadamaha u tahay sida baahida cunnada iyo cabbitaanka oo kale. Arrinkaasi waxa uu ku xambaaray dumarkii hore ee

Soomaaliyeed ee aan door ama fakaag loo siin in ay si siman u helaan xaqqaas in ay si kasta oo ay suurto gal u noqon karto u bowsadaan arrimo ku saabsan diinta Islaamka. Sida raggu tukashada (salaadda) isugu gaar yeeli jireen xilliyadaas hore, Mawliid-u-nebiga, abaabulka siyaarooyinka, Alle bariga iyo tegista xajka ayaa ay si la mid ah u lahaan jireen go'aanka ugu dambeeya ee la xidhiidha qabashadooda iyo joogtayntooda xusaskaas kala duwan. Arrimhaas diineed badankooda dumarku waxa ay ka ciyaari jireen kaalin dadban iyaga oo ku howllanaan jiray hubinta in inan-rag u sii dhowaado Eebbe.

Kaalinta hoggaamineed ee dumarka mar Alle marka dib loo milicsado dhaqanka iyo sooyaalka Soomaaliyeed, waxa maanka qofka ku soo degdegaya saddex dumar ah oo dhammaantood lagu suntay wax-ka-sheegid kala duwan oo taban, isla markaana sheekooyinkooda loogu qiil samaysto inaysan dumarku marnaba u qalmin in ay buuxshaan kaalintaas. Lama se garan karo in ay sheekooyinka ku xeerani yihiin qaar dhab ahaan jiray iyo in ay kutidhi kuteen uun yihiin.

Boqorraddii Arraweelo waxa lagu sheegay in ay ahayd mid aan ragga u jixin jixin oo dhufaani jirtay (xiniinyaha ka saari jirtay). Waxana ay quusisay raggii xilligeedii noolaa oo dhan, isla markaana waxa ay soo shaac bixisay dhaqanka hooyo-tirsiga[4] (halka maanta la adeegsado aabbo-tirsiga/ab-

_____

[4] Hooyo-tirsi: Sida marka aynnu leenahay oo kale, hebel waa ina heblaayo oo ka sii ah ina heblaayo…

tirsiga) iyo qaayo u yeelidda dhaqanka dumarka gaarka u ah.

Waxana sidoo kale la sheegaa in ay jirtay gabadh la odhon jiray Dhegdheer, oo ahayd sida sheeko-dhaqameed fac weyni odhonayso, dad qalato duurka dhexdiisa dadka ku cunta (siiba caruurta anbadka ah).

Midda saddexaad waxa ay ahayd baa la yidhaahdaa "Muuniso." Sheeko-dhaqameedka ku saabsan iyada ayaa sidan u dhigan: Waxa la yidhi waxa ay ahayd wadaad aqoonteedu gaadh-dhay heer aad looga dambeeyo oo ay noqoto imaam ragga tujisa. Haddaba arooryo hore iyada oo ku sii socota dhinacii masaajidka si ay u tujiso dadka, ayaa waxa uu Ibliis (Shaydaan) u maleegay shirqool iyadii dhaxalsiiyay in ay ka hoobato meeqaamkeedii sare. Waxa la yidhi waxa ay jidkii ay maraysay ku aragtay xubintii taranka ee ragga oo ka soo dhex fuuray dhabbadii ay haysay (lugaynaysay). Ka dibna waa ay dhaafi kari wayday oo waa ay u 'hungurootay'; sidaasbayna dib ugaga dhacday tukashadii (salaaddii), warka arrinkeediina bari iyo galbeed buu ka dhacay. Dhacdadani waa ta ku xusan midhaha hees ay ku heestay Xaliima Khaliif Magool (EHUN):

"Aamin dumar ma yeeshoo,
Muunisoo aqoon laa,
Shaydaan afuufee!
Islaamnimo ka duruktoo
Faralkii illowdoo..........."

Marka meel la iska dhigo kala geddisanaanta abuurka ragga iyo dumarka oo mid waliba meelo ama dhinacyo ku xooggan yahay, ayaa dhaqanka is biirsaday ee quudhsiga dumarka ee ku suntan taab gaabni, talo xumo iyo tamar darro maan iyo jidheedba uu laftarkooda la daadegay (hoos ula dhaadhacay), saamayn tabanna ku yeeshay fikirkooda iyo dhaqankoodaba. La yaabna ma laha in meerisyadan Sitaadka ah ee hoos ku dhigani ay ahaadaan qaar u taagan raadayntaas taban, isla markaana dumarka Sitaadku ay rumaysnaayeen in aysan jirin cid aan ahayn Eebbe (SOK) oo ay ciidan iyo ciirsi moodaan, isla markaana baahidooda rumayneed (caqiido) Eebbe kula eertaan. Midhaha erayadan iyo waxa ay xambaarsan yihiin waxa ay ahaanayaan qaar ay dumarku u adeegsadaan in ay iskaga dejiyaan culayska nafsaaniga ah, gol daloolooyinkooda cibaadaysina ku daboolaan durraamashooyin[5] ay ka mid tahay tani:

Ma kari waayee Kariim[6],
Alla ma kari waayee kariimku inna kaafi,
Kun-kun Malaa'igi,
Alla kun kun Malaa'igi kalaamkeenna qaaddaa!

---

[5] Durraamasho = Baryo am *'Duco'*. Waxa jirta odhaah Soomaaliyeed oo u dhigan sidan "Shaydaan naftiisaa, Janno lala durraantaa".
[6] Kariim = waxa loola jeedaa 'kariimka Alloow'.

SIDEE LOO BILAABAA SITAADKA?

Sitaadka badiba waxa lagu bilaabaa durraamashooyin (ducooyin) ku aaddan Eebbe (SOK), Nebi-ammaan iyo qaar ka mid ah culimo ay dad badani u aqoonsadeen awliyo.

Sitaadku waxa uu suurto geliyaa madal ay dumarku isku xaal ogaadaan iskuna kaalmeeyaan, goobtaasna waxa ay kala tagaan raysasho, awood gudeed iyo yididiilo ay si geesinnimo leh kagala hor tagaan waayaha adag ee nolosha. Inta aysan dumarku madasha Sitaadka ka dareerin waxa ay isla go'aamiyaan amminta kulanka xiga sida "geedkii damalka ahaa ee halkaaas ku yiillay ha innoo ahaato iyo maalinta Axadda".

Sida ay ii sheegtay gabadh magaceeda la yidhaahdo Cambaro Xasan oo ku xeel dheer qabashada Sitaadka, waxa ay tidhi iyada oo faahfaahin ka bixinaysa raadka uu Sitaadku ku yeesho hab dhaqankooda, ka dib marka laga kala dareero madasha:

"...Halka uu beryahan dambe *'khuruushka'*[7] diineed ama bixitaanku ugu jiro dadka qaar, ee qofka ka qayb galaa kala soo noqdo 'ruuxaaniyad' iyo iimaankiisa oo

---

[7] *Khuruush:* Waxa loola jeedaa *'khuruuj'* waana eray AfCarabi ah. Waana bixitaan dar Alle ay dadka qaar ugu ban baxaan diinta iyaga oo uga jeeda ugu horrayn in ay nafahooda ku soo dabbaalaan Alle ka cabsi, iyo in ay dadka kale diinta ku soo baraarujiyaan. Waana mid ka mid ah waddooyinka ay adeegsato dhaqdhaqaaqa Tabliiqu.

kordhay, ayaa si la mid ah Sitaadku yahay mid dumarka ka qayb galaa kala tagaan Alle ka cabsi ka badan kii ay qabeen ka hor ka qayb galkoodii."

Sitaadku ma aha uun meel suugaan diineed uun lagu subciyo, ha yeeshee waa urur/isu-tag ku dhisan qaab diineed iyo wax dhiibasho (*sadaqo*) oo lagu kaalmeeyo haweenka beesha ama deriska ah ee dhibi ku timaaddo. Sidoo kale xuskooda waxaa ku jira waanooyin iyo faritaan Alle-ka-cabsi la Af Soomaaliyeeyey. Waa ururro xog ogaal u ah oo la socda xaaladda nololeed ee inta beel wadaagta la ah ama isku xaafad ah.

Sidoo kale, Sitaadku waa fadhi wadareed ay haweenku intii meel ku wada nooli (siiba magaalooyinka) ugu badnaan toddobadii beriba laba maalmood (Axad iyo Khamiis) ku kulmaan, halka kuwa reer guuraaga ahi ay badi isu yimaaddaan xilli-roobaadka oo ah marka ay ugu fududdahay in la qabsado arrimaha bulsho sida siyaarooyinka, Mawliid-u-Nebiga, guurka iyo aroosyada, maaraynta is-maan-dhaafyada beelaha dhex mara iwm. Badiba haweenku waxa ay isu war gelin jireen qoys qoys iyo mid mid; waxaana isugu yeedh-dha islaan loogu yeedho "sheekhad" ama "Khaliifo" (sida looga yaqaanno koonfurta carriga Soomaaliyeed).

War gelinta iyo ballanka ka dib, waxa ay iska dhex ururiyaan, siiba dhulka miyiga ah, subag iyo caano gadhoodh ah, cadar, foox iwm. Marka la soo ururinaayo alaabooyinkaas waxa ay dumarku iska hubiyaan in aan lagu darin xoolo agoomeed, iyo wax uusan ninka reerka u odayga ahi ka raalli ahayn. Tusaale ahaanna waxa mid mid loo soo ururiyaa dheglay[8] bariis ah, dheglay garow ah, mid sonkor ah iwm. Haddii ay neef adhi ah qalanayaan waxa ay iska ururiyaan in lacag ah oo aan sidaas u sii bursanayn, waana isku daraan/biirshaan ka dibna lax bey soo iibsadaan. Bariis iyo shaahna waa la kariyaa, inta badanna waxa lagu iidaamaa[9] subag, waxana lagu daraa caano gadhoodh ah. Raashinka waxaa kariya hablaha iyo haweenka hooyooyinka ah ee xoogga ah. Ururka (Jamaca) haweenka iyo carruurta yar yar ee ilaa toban jirka ah ee goobta jooga oo dhan waa la dhergiyaa maalintaas waana loo cadriyaa. Salool iyo bun ayaa ka mid ahaa waxyaabaha la hubiyo in aysan ka maqnaanin madashaas. Waxa kale oo xusid mudan raashinka la soo ururiyo wixii ka soo hadha waxa loo qaybiyaa qoysaska saboolka ah iyo kuwa ay xooluhu ka baxeen. Sidaas daraaddeed, Alla-barigaas qof kasta oo meeshaas joogaa waa uu ka Axadaystaa[10]. Haddii ay dad

---

[8] Dheglay: Waa weel bir ka samaysan oo dalka gudihiisa lagu tumaaliyo, oo leh gacan-qabsi ama dheg. Waxa badi lagu miisaa raashinka, waxana muggeedu yahay hilaaddii ilaa galaan badhkii.
[9] Iidaan: Ku darid subag, xaydh iyo heen si raashinku u yeesho dhuun-mar iyo nafaqo.
[10] Axadaysi: Haddii xilliga Sitaadka la qabanayaa uusan ku soo beegmin dhacdo gaar ah sida: Micraajka ama Mawliid-u-Nebiga, badi waxa la dhigtaa ama la qabsadaa Axadaha iyo Arbacada. Axadaysigu waa magac kale oo u dhigma Sitaadka. Murtida ku jirta in maalinta Axadda loogu magac darona waxa ay u dhow dahay u haysashada ay dad badani qabaan in maalintaasi tahay tii Eebbe (SOK) Uu Arlada taagay ama abuuray. Hees caan ah oo

marti ahi ay la kulmaan ama ay ka soo dul dhacaan (iyaga oo aan la filanaynin) isu-imaatinka jaadkan oo kale ah waa laga saaciidaystaa (ama filasho wanaagsan ayaa lagaga sahansadaa) – iyada oo la rumaysnaa in haddii madasha Sitaadka ay martiyi u timaaddo in uu muraadkii laga lahaa isu-imaatinku ahaanayo mid laga oggolaaday xagga samada oo looga jeedo in uu hir galay (*maqbuula*).[11]

Samafalka iyo is-kaalmayntu waa arrin si joogto ah ay dumarku isku boorriyaan marka Sitaadka la qabanayo. Waxana ka mid ah meerisyada arrinkan ku saabsan:

Kuwii kici waayay kaalmeeyaa la yidhi (x2)
Waa is-dhaantaane isu dhiibaa la yidhi
Kuwii goolmoon[12] u garaaba baa la yidhi
Middii dhali wayday u dhabreeya[13] baa la yidhi
Middii gambo[14] wayday gobol[15] siiya baa la yidhi.

---

midhaheeda lahaa Xuseen Aw Faarax waxa ku jiray: *"Ma og tahay adduunyada, Axad baa la taagee......"*

[11] Maqbuula: Waxa uu eraygani ka soo jeedaa "*maqbuul*" oo Af Carabi ah una dhigma "waa la aqbalay" ama "waa la yeelay".

[12] Goolmoon = Gaajaysan

[13] U dhabreeya = u adeega. Siiba waxa halkan looga jeedaa, midda aan ubad lahayn ee da'da ah (gabowday) waxa la is farayaa in loo soo dhaamiyo oo dhabarka wax loogu soo qaado, loona ciidamiyo.

[14] Gambo: Waa maro madow oo qaab shaandho ama maro kaneeco u samaysan oo ay dumarka la qabaa madaxa/timaha ku xidhan jireen. Waxana ay ahayd astaan muujinaysa in la qabo ama ay guur soo martay.

[15] Gobol = Jeex

Intaas ka dib waxa bilaabma akhriska meerisyada Sitaadka. Inta badanna waxa uu ku dhammaadaa oo lagala tagaa goobta rayn rayn, riyaaqid iyo laab xaadhnaan.

Ulajeeddooyin kala geddisan baa loo qabtaa Sitaadka. Tusaale-ahaan colaadda iyo abaarta waxa loo adeegsadaa Rabbi-tuug (Rabbi-bari) si uu Eebbe (SOK) uga jebiyo, barwaaqada iyo samaantana waxa ay u adeegsadaan mahadin (shukri naq). Sidoo kale, xilliyada haweenka uurrayda ahi gaadhaan bisha toddobaad ilaa sagaalaad waa ay taraaraystaan. Qofka dumarka ah ee uurka lehi, siiba kuwa ugubka ah (aan curanin), marka uu soo dhowaado sidkeedu ama xilliga dhalmadu, tiiyo laga yaabo in cabsi dheeraad ahi fuusho, ayaa ay samaysataa (suubbisataa) waxa loo yaqaanno Taraaraysi oo ah jaad Alle-bariga ka mid ah – kolkaas oo bariis cad oo caano iyo subag sixin ah lagu iidaamay iyo shaah la kariyo. Ka dibna waxa la tuntaa Sitaadkii oo isugu jira Nebi amaan, Alla bari iyo ammaanta haweenkii hore ee sooyaalka Islaamka magaca ku lahaa siiba Faadumo-Sahra (inantii Rasuulka suubban – NNKHA). Dulucda ama nuxurka kulanka jaadkan oo kale ahina waxa durraamasho (baryo) ku saabsan in Eebbe (SOK) gabadh-dhaas caafimaad qab ku kala keeno ama ay ku ummusho. Sitaadka waxa lagu soo gebogebeeyaa waxa loo yaqaanno 'Madax shub', maxaa yeelay madaxa ayaa gabadh-dha uurka leh loogu shubaa subag. Sida ay sheegtay Lidwein Kapteigns, dhinaca Jabuuti waxa weliba lagu fadhiisiyaa laba barkimo (oo la is-dul saaray), gabadh-dha Sitaadka hoggaaminaysa ayaana uunsi korka madaxeeda kaga qiijisa iyada oo isla markaa taataabanaysa korka uur-ku-jirteeda iyo madaxeeda, isla markaana ku dhawaaqaysa ama dunduminaysa[16] durraamashooyin (ducooyin) gaar ah, oo abbaaraya Sitooyinka (Xaawa, Faadumo iyo kuwo kaleba) in ay gabadh-dha ka gacan siiyaan si Eebbe (SoK) ugu fududeeyo foosha."[17]

Inta badan, Sitaadka waxa ka qayb gala tiro u dhexaysa 20 ila 50 iyo in ka badan oo haween iyo caruur isugu jira; waxana ay qabtaan maalmaha xaggooda xurmada ka mudan siiba Mowliid-u-Nebiga, Micraajka iyo sidoo kale xilliyada abaaraha ama colaadda, iyo mararka ay jiraan dano gaar ahi sida Alle Bariga, Madax shubka iwm. Beryahan dambe se, dhinaca magaalooyinka – sida aynnu meel dambe ku xusi doonno, Sitaadka oo la casriyeeyay ayaa ah mid laga tumo aroosyada, mid lagu sagootiyo dumarka meel dheer u dhoofaya ama kuwa dhoof ka soo noqda.

Marka loo fiiro yeesho dulucda ama nuxurka Sitaadka iyo meerisyadiisaba waxa ay leeyihiin soo-jiidasho; had iyo jeerna waxa ay ku bilaabmaan erayo wanaagsan iyo tuducyo kicinaya dareenka qofka isla markaana gelinaya Alle-ka-cabsi. Waxaa xasuus mudan in ayeeyooyinka lagu marti qaado ururka iyo maqaamka haweenka ee Sitaadka looguna

---

[16] Dundumin = Waa dhihid hadal u dhow xanshaashaq oo uu qofku dibnaha dhaqdhaqaajinayo, aan se cidda la joogtaa aanay si fiican u garan karin waxa uu qofku dhahayo.

[17]Kapteijns, Lidwein with Mariam Omer Ali, *Somali Women's Songs for "the Mothers of Believers"*, (1995), African Studies Centre, Boston University, USA.

subko madaxa (Madax dhaashi), loona cadriyo, ka dibna waa ay duceeyaan iyaga oo riyaaqsan.

Meerisyada Sitaadka waxa ka mid ah kan soo socda, ahna badiba midka lagu bilaabo meel kasta oo Sitaadka laga tumayo, waxana uu u dhigmaa afaafka laga galo Sitaadka. Meeriskani waxa loo adeegsadaa iska baydhinta Shaydaanka iyo in Eebbe laga magan galo sharkiisa:

Na la ma jiro, na la ma joogoo, jidna na la ma maro
Jaxiimadiisuu jiraa, jaahiisu gubanayaa
Allahayoow nagaga qabo, qool biroo site[18] leh
Allahayoow nagaga qabo, biraha qarada wayn

Waa erayo aad u xeel dheer oo ku saabsan iska baydhinta Shaydaanka. *"Na la ma jiro, na la ma joogoo, jidna na la ma maro"* waxa ay u taagan tahay "ma soo dhoweysanno, fadh-dhi iyo jidiin (dhuun mar ama cunno) na la ma wadaago, jidna ma wada qaadno.

Durraamasho kale oo loo adeegsado iska-baydhinta Shaydaanka waa tan:
Shaydaan hurdoow habaab;
Habaab oo hilinka seeg;
Habaab oo hooyo waa;
Habaab oo hoos u ooy;
Dundumo[19] hadh gal oo habaab.

---

[18] Qool biroo site leh = halkan waxa loogala jeedaa bir suryeysan.
[19] Xidhiidhka ka dhexeeya Jinka iyo dundumooyinka waa mid maqalkiisu soo noqnoqdo aanse haddana xogo badan laga haynin. Mid ka mid ah durraamashooyinka caanka ka ahaan jirtay

Shaydaanka baadiyayntiisa iyo tabihiisa mid ka mid ah waxa ay dumarka Sitaadku ku muujiyeen meeriskan soo socda oo ku saabsan sidii uu u siray ama u duufsaday Xaawa si uu iskaga hor keeno Aadam iyo ooridiisii, taas oo (sida ay sheegeen) uu Xaawa biyo galacle dul joojiyay, ka dibna muuqaalkeedii biyaha ka dhex muuqday ku indha-sarcaadiyay oo uga dhigay naag dheer oo qurux badan, kuna yidhi Xaawa in uu (Nebi Aadan) gabadh-dha quruxdaas leh ee biyaha ka dhex muuqata uu la guursaday! Waana tan iyaga oo tilmaan ka bixinaya dhacdadaas:

Musbaar lagu joojiyoow (2x)
Maalintii Xaawa iyo Aadan la isku xidhay[20]
Xilkeeda la saarayee xilaha looga dhigay
Xareed intuu geeyay buu Xaawa laba ka dhigay
Xanaaqay qaadday bay Aadan kala xidhmeen!

Haddana waa kan meeriskan sare oo in yar ka duwani:

Oo maalintii Xaawo iyo Aadan laysku xidhay
Alla xaqeedii la saarey ee xilaha looga dhigay
Oo xuurar ceyn bay aheyd ehel Jannada fadhida
Mid aan Illaahey xurmeynin baa xumaha dhex dhigay

Soomaalida dhexdeeda ayaa u dhigan sida: "Belaayooy baydh oo naga baydh, oo bahdayo ka baydh, oo beeshayada ka baydh, oo beledkayo ka baydh, oo DUNDUMOOYIN iyo daldoollo ku dhac, Shaydaanoow baxoo buus, Malaa'ig Allay soo hir oo soo hanuun. Kheyr Allow ooho!"

[20] La isku xidhay = waxa ay ula jeedaan in xagga Samada laga meheriyay sida ku cad meeriskan:
Malag Jibriil meheri Waligeed malaa'ig noqay
Adaa meherkaaga malaa'iguhu ismiyeen.

Oo xareed buu joojiyoo, Xaawo laba ka dhigay
Alla xanaaqii ay qaadday bay Aadan kala xidhmeen!

Meeriskan sare waxa uu ku bilaabmay hiif iyo habaar
(*Musbaar lagu joojiyoow!*) ay dumarka Sitaadku Shaydaanka
oogada kaga tuurayaan, gabbood-falkii (dembigii) uu
sameeyay awgiis – taasoo ah in uu labadoodii u horseeday in
Jannada laga saaro.

Dhacdadan ah in Shaydaan Xaawa biyo xareed ah dul
joojiyay waxa ay xidhiidh la leedahay mid ku xusan buuggii
'The Paradise Lost' ama 'Jannadii Hallowday' ee soo baxay 1667-
kii, qoraaguna ahaa John Milton, oo u dhignaa gabay dheer
oo qaaradda yurub ka dhaliyay dood culus oo dhinaca
fikirka ah iyo mid diineedba muddo ku siman saddex qarni.
John Milton waxa uu ahaa gabayaa Ingiriis ah oo noolaa
qarnigii 17[aad]. Waxana uu John Milton meel ka mid
diiwaankiisa gabay ku soo ban dhigayaa in Xaawi la
dhacday (ama ka heshay) muuqeedii quruxda badnaa ee uga
dhex muuqday biyaha si la mid ah sheekadii
indhasarcaadka (khayaaliga) ahayd ee ku saabsanayd wiilkii
Giriigga ahaa ee Narcissus (Narkissos) ee si la mid ah biyo
dul joogsaday, ka dibna la dhacay ama jeclaaday quruxdiisa
(is-cajabiyay ama is-galay) sidaasna ku dhintay. Sida uu
Milton qoray, waxa Iblays arrinta Xaawa ee muuqeedii
biyaha uga dhex muuqday uga soo dhex baxday in uu iyada
siri karo (khiyaamayn karo). Markaas waxa uu xusay sida ay
dhacdadani hor dhac ugu noqotay cunistii Geedkii ku yiil
Jannada ee Eebbe (SOK) uga digay lammaanihi ugu

horreeyay uguna sheegay lama-taabtaan (xaraan), ha yeeshee Iblays iyagii ku siray, ka dibna labadoodii u horseeday dhacdadaasi ama dhaxalsiiyay in laga deyriyo oo dibedda looga saaro Jannada.

Waxa muuqata in aragtida ku xusan meeriskan sare ee ku saabsan 'biyaha galacle ee Iblays dul joojiyay Xaawa' aysan ka madhnayn raadka fikirka Masiixiga/Yuhuudda. Israa'iiliyaad (Israa'iiliyaat) waxa ay culimada Islaamku u bixiyeen xogo diineed oo qoran oo ku dhex jira nusuusta Islaamka kana soo jeeda kutubta iyo qoraallada kale ee Yuhuudda iyo Masiixiyiinta[21]. Waxana ay u muuqataa in eedda cidda (Aadan iyo Xaawa) denbiga ku horraysay lagula dul dhacay Xaawa, sidaasna fikirkaasi Muslimiinta ugu dhex faafay. Markhaati waxa aynnu u soo qaadan karnaa meeriskan ku jira heestan Soomaaliyeed *'Saxarlaay ha Fududaan'* ee ahaa *".... Sal fudaydku Xaawuu, Jannadii ka saaree............"*[22]

Dhinaca kale, Qur'aanka Kariimka ahi si cad buu gabbood-falka guudka uga saarayaa Aadan (NKHA) sida ku xusan Suuratu-Daaha, Aayadda 121[aad]. Waxana ay Aayaddaasi muujinaysaa in Nebi Aadan amar-diiddo (caasinimo)

---

[21] Culimada Islaamka waxa ay Israa'iiliyaadka u kala qaybiyaan saddex qaybood: Qaar aan ka hor imanaynin Waxyiga loona aqoonsaday in ay dhab yihiin; qaar loo aqoonsaday in aanay sugnayn – maxaa yeelay waxa ay is-maan-dhaafsan yihiin waxyigii lagu soo dejiyay Nebi Maxammed (NNKHA); iyo qaar aan la kala garanaynin sugnaanshiiyahooda iyo silloonaantooda.
[22] Heestan *'Saxarlaay ha Fududaan'* waxa midhaheeda sameeyay abwaan/ Maxamed Ibraahin Warsame Hadraawi.

sameeyay, naftiisiina oggolaysiiyay baadiyeyntii Iblays – ilaa uu kasoo noqonaayay (kana toobbad keenay) gabbood-falkaas.

Haddii aynnu mar kale ku laabanno meeriskan aynnu kor ku soo xusnay, aragtida ku dhex jirtaa waxa ay tahay mid nuxurkeedu wax la wadaago kan John Milton ku gudbiyay gabaygiisii. Guud ahaan Soomaalidu, gaar ahaanna dumarka Sitaadku, waxa ay rumaysan yihiin in Xaawa uu duufsaday ama siray Iblays, gal xareed ahna dul joojiyay, muuqeediina qof kale uga dhigay (*Xareed intuu geeyay buu xaawa laba ka dhigay!*), qoftaas oo ula muuqatay iyada in ay ka qurux badan tahay, taasina ay dhalisay in hinaase galo oo ay u qaadato in 'gabadh-dhaas' kale, ay ka qaadi doonto ninkeeda. Halkaas ayuu ka bilaabmay xafiiltan dhex mara Aaadan iyo Xaawa (*Xanaaqay qaaday bay Aadan kala xidhmeen!*) Ha yeeshee Islaamku ma qabo arrintan.

Kadib ducadaas aynnu kor ku soo sheegnay ee ku saabsan iska baydhinta Shaydaanka iyo in Eebbe (SOK) laga magan galo waxa toos loo gudo galaa qabsashada Bisinka si loo 'barakeeyo' madasha:

Alla bisinka ku bilaaba Shaydaan ha beydadee[23]
Ha baydadee oo sidii beelyo[24] ha u ciyee
Ha baydadee oo sidii buurta ha u dumee

---

[23] Baydad = Cabsi iyo fiiq la orog. Ha baydadee = Cabsi ha la cararo e
[24] Beelyo: Waa shimbir u eeg haad-ka-adagta oo dhulka buuralayda ku nool oo ci dheer leh.

Bisinku waa afka buulkiyo[25] carrabka baalashiis
Wax la qabtaan bisin lahayn barako yeelan waa
Badaha waa lagu maraa biyaha waa lagu cabbaa
Beerta waa lagu falaa oo beydka lagu gala
Aqalka waa lagu dhistaa oo ubadka lagu dhalaa
Bisin Allow maalintii la baqo adigu noo bayaan
Oo baadi noqon maynno oo bisin baa horteenna yaal
Bisin Allow Baraka qabe beloo dhan naga xijaab
Naga xejoo naga xejoo na xaafid yeel.
Bisin allow burde[26] na saar Allow belada naga xijaab
Waxa la bartoon bisin lahayn barako yeelan waa
Wax la bireeyo[27] oon bisin lahayn waa baqtoo la jiid
Bisin allow Baraka qabe Allow belada naga xijaab
Bisin allow Baraka qabe Allow nagu badbaado yeel
Alla bisinka yaasiinka Nebi Maxammed barakadiis.

---

[25] Buulkiyo = Buulkiisa iyo. Waxaa loola jeedaa in bisinku u
yahay carrabka dhowraarin ama ilaalin.
[26]Burde = waa shey wax dhowra (xafida) ama ilaaliya
[27] Bireeyo = La gawraco

DHINACA KOONFURTA CARRIGA SOOMAALIYEED: MILICSI KOOBAN

Dhinaca koonfurta waxa Sitaadka looga yaqaannaa Abbaay Abbaay. Si la mid ahna gobollada kale waxa uu u taagan yahay Alle bari, weyneyn Alle iyo ammaanidda Rasuulka {NNKHA}, xaasaskiisii iyo inantiisii Faadumo-Sahra {EHKRA}. Abbaay Abbaayda waxa loo xusaa hab ahaan koox koox dad isku xaafad ah; waxaana la dhigaa bil kasta 2-deeda, sidaas daraaddeedna waxa loogu yeedhaa "bil Labo". Qarashka lagu dhigo waxaa loo bixiyaa qaabka qof kasta awooddiisu tahay. Waxaana lagu dhigaa madal gaar ah oo bil kasta lagu qabto. Bisha Shacbaan ayaa la soo gebagebeeyaa (la khatimaa), maxaa yeelay waxa soo gelaysa bil Rabadaan (oo aan la samaynin xuska Abbaay Abbaayda).

Waxaa jira meerisyo badan oo lagu ammaano Rasuulka iyo Faadumo Rasuul. Mid ka mid ah oo la yidhaahdo "Safar Salaama" waxa uu dhacayaaa sidan:

Siteey faadumooy safar salaama
Iimaanka naageed adi waayee
Iilka ku aruurkii Abbaay salaama
Buunkii qiyaamo haddii la buufsho
Bannaanka joog dheer Abbaay salaama
Taqwo iyo oonee[28] tahjud badneeyeey
Toddobada Naareed Abbaay salaama
Jeclaanta taada la joogi waayee

---

[28] Iyo onee = iyo sidoo kale, iyo sidoo kale. {Tusaale: Faceed ka fiican iyo onee Boqoraddii hablaha..}

Jaxiima Naareed Abbaay salaama
Xasan iyo Xusseen xambaartooy
Abbaay salaamaa

Dhanka kale, ducada loo sameeyo dumarka uurka leh ee loo yaqaan Madax Shub {Kur} waa caado culus oo soo jireen ah. Xuskan waxa loo sameeyaa in loogu duceeyo dumarka uurka leh, mana jirto shuruud gaar ah oo cid lagu dhahayo: *"waxaas iyo waxaas keen! waxaa kuu yeedhaya gabadh-dha reerkeeda oo ku dhahaya waa heblaayo madax shubkeediiye maanta ee imoow/is-keen"*.   Waxaa se la bixiyaa cunno iyo cabbitaan ka dibna islaamaha madaxooda ayaa loogu shubaa subag/saliid, udug (cadar) iwm.

Waxa aynnu gadaal ku arki doonnaa, sida uu Sitaadku uga soo cusboonaanayo dhinaca waqooyiga carriga   ay Soomaalidu ku dhaqan tahay – oo ay ugu mudan tahay Jabuuti iyo Hargeysa. Waxana uu qaatay ama yeeshay muuqaal cusub oo dardar xambaarsan.

SIDEE BUU SITAADKU KU GAADHAY CARRIGA SOOMAALIYEED?

Sheeko-dhaqameed fac weyn, oo si gaar ah ugu dhex faafsan dumarka Sitaadka tunta, ayaa sheegaysa in uu dhaqankani kasoo jeedo xilliyadii bilowga diinta Islaamka, isla markaana lala xidhiidhiyo Faadumo-Sahra (inantii Rasuulka Suubban NNKHA). Dumarka Sitaadka ee ku dhaqan dhulka miyiga ahi waxa ay sheegaan in uu yahay dhaqan guun ah oo facba fac kale u sii dhiibi jiray, xasuustana ku hayaan intii ay 'dab ka baydheen'[29] in geed uun la hoos fadhiyi jiray. Ha yeeshee waxa la sheegaa in xidhiidh ka dhexeeyo Sitaadka Soomaalida iyo mid laga tunto dhulka Yamanta.

Dhinaca kale, waxa aan la fogaysan karin in uu yahay mid ay curiyeen dumarka Soomaaliyeed oo ka dhashay dhaqdhaqaaqii dariiqooyinka Islaamka ee soo gaadhay carriga Soomaaliyeed intii u dhexaysay qarnigii 16aad ilaa dhammaadkii qarnigii 19aad. Kol haddii aan far qoraalka Soomaalidu lahayn fac weyni, tebinta sooyaalkooduna ku dhisnaa 'oday ka soo gaadh'[30] siiba arrimaha dhaqan iyo kuwa la xidhiidha diinta Islaamka waxa lagu xasuusan jiray ama lagu kaydin jiray tixda. Maxaa yeelay, kaydka sooyaal ee aan la qoraal gelin, bal se ku kaydsan xasuus keliya, waxa

---

[29] Intii ay dab ka baydheen = mid ka mid ah geeddi socodka koritaanka aadamaha ayaa ay Soomaalidu ku tilmaantaa. Waxana ay ula jeedaan carruurtu marka ay garaadsadaan ee ay dabka ka baydhaan, ogaadaanna in ay ku guban karaan.

[30] Oday-kasoo-gaadh = dhacdooyin ama dhaqan facba faca kale u sii dhiibo

uu u ban dhigan yahay in uu xasuusta ka dhaco ama uu ku dhex lumo tagtada iyo xilliga sii midhiiqinaya[31]. Taas baana dhalisay in suugaan diineedku sidaas ku bilaabanto.

Waxa kale oo aan la fogaysan karin inaysan raad Shiico ka maqnayn suugaanta Sitaadka. Taasna waxa aynnu u tirin karnaa ku-dhowaanshaha xeebaha Soomaaliyeed ee dhinaca waqooyi ku dhow yihiin koonfurta Jasiiradda Carabta oo meelo ka mid ah ka jiray dhambalanka Shiicadu ammin aad u dheer, ilaa haatanna ka jiro. Waxana aynnu marag fur u soo qaadan karnaa xusitaankii Ibn Batuuta uu ku qoray buuggiisa *Ar-Rixla* markii uu soo maray magaalada Saylac (1331 tirsiga miilaadiga kadib - MKD) oo uu ku xusay "in dadka reer Saylac badankoodu yihiin Raafidiyiin (Shiico)."

Raadadka kale ee weli soo jiidan kara dhaayaha qofka ee loo malayn karo in uu jiray xidhiidh ay Soomaalidu la lahayd dhambalanka Shiicada waxa ka mid ah hal-qabsiga lagu hal qabsado Cali bin Daalib marka la arko waxa loo yaqaanno 'dabayl Jinni' oo badiba la baasaysto (la sharaysto) iyada oo loo tiirin jiray jirro (durro) siiba badh-qallalka jidhka (faalig), sidaas awgeedna marka ay Soomaalidu arkaan waxa ay ku tiraabi jireen "Caliyoow, Caliyoow!" oo u dhigan ama loola jeedo in sharka ku lammaani cid waxba yeeli doonin oo barakadiisa la iskaga faydi karo dhibta ka dhalan karta dabayshaas. Mar kale, arrinkani waxa uu muujin u yahay meel-kasoo-jeedka magaca jirrada 'dabaysha' ama 'faaligga' oo gebi ahaantiiba xanuunkaas loo tiirin jiray in qofka uu

---

[31]Midhiiqinaya: u soconaya si aan la dhaadeyn

haleelaa (ama ku dhacaa) yahay 'mid ay martay dabayl Jaan.' Waxa kale oo iyana la odhan karaa weynaynta Aala-baydka laftiisa ayaa lala xidhiidhin karaa shiicada.

Waxa kale oo xusid mudan odhaah Soomaaliyeed oo la dhihi jiray marka arrin la xoojinayo oo la odhon jiray "saddexdii ashahaado baa la marinayaa". Waxa aynnu ogsoonnahay in baaqa tukashada (Eedaanka Salaadda) ee Ahlu-Sunnuha ay ku jirto laba "Ashahaado", ha yeeshee Eedaanka Shiicada waxa la raaciyaa "..wa-Ash-haddu inna Caliyu weliyu Laah". Qodobkanina waxa uu tilmaan kale u yahay raadka Shiiconimo ee carriga Soomaaliyeed (siiba xeebaha) ka jiri jiray xilliyo hore.

Dariiqooyinka suufiyadu waxa ay bulshada ka haqab tiri jireen baahida rumayneed iyo cibaadaysi, ha yeeshee waxa si caddaan ah looga dheehan karaa in falliimooyinka (falaadda/howlaha) lagu dhex qabsado ama lagu guto ay ahaayeen qaar ay raggu ku keliyaystaan oo dumarkuna meel gooddi ah ka taagnaayeen ama la gerbiyay[32].

Dariiqooyinka kuwa ugu mudan ee soo gaadhay carriga Soomaaliyeed waxa ka mid ah: Qaadiriya, Axmadiya, Saalixiya iyo Rifaaciya. Qaadiriyada ayaa ah tan ugu da'da weyn oo la sheego in laga yiqiinnay carriga Soomaaliyeed tan iyo qarnigii 15[aad], in kasta oo badi lagu sunto in ay

---

[32] Gooddi = Dacal ama baal. Gerbin = Sidii qof garabka lagu riixay oo kale. Waxana uu falkani muujin u yahay laba xoog oo aan isu dhignayn – taasoo mid la fogeeyo.

dhidibbada u taageen labada Shiikh ee kala ah Cabdiraxmaan as-Saylici (geeriyooday 1883) iyo Sh. Aways Muxumed Al-Baraawi (g. 1909).[33] Dariiqooyinka kale aan se hanaqaadin waxa ka mid ah Dandaraawiya oo asal-ahaan kasoo jeedda Masar oo waxoogaa taageereyaal ah ka samaysatay Berbera, kuna yeelatay Hargeysa, Oodweyne iyo Shiikh jameecooyin koob-kooban. Waxa kale oo jirtay Mirqaniya ama Khaatimiya oo uu watay Shiikh la odhon jiray Ramadaan Al-Musawaci aanse guul la sheegi karo muujinin. Ugu dambayn, gu'yaashii ugu dambeeyay qarnigii 19[aad] waxa si firfircooni ku jirto la isku deyay in dhinaca waqooyiga lagu faafiyo dariiqada As-Sanuusiya, ha yeeshee wax raad ah oo ka hadhay ma jiro.[34]

Haddaba si ay dumarku u muujiyaan ahaanshiiyahooda iyo astaantooda Islaamnimo, waxa ay si la mid ah sida ragga la yimaaddeen qaab ay isugu gudbiyaan aqoonta Islaamka, iskuna faraan waxoogaaga (inta yar) aqoonta ah ee ay ragga sida dadban uga bowsadeen, siiba wixii dhegahooda kaga soo duula marka ay ragga u adeegayaan xilliyada Alla-Bariga oo laga yaabo in qaarkood si qarsoodi ah dhegaha ugu raariciyaan wax-sheegga diineed, iyaga oo ku hakada ardaayada lagu qabto Alla-Bariga duddadooda (gadaashood). Waxa dhif ahaan jiray waayadii (xilliyadii) hore in la arko qof dumar ah oo aqoon diineed toos loogu barbaariyay, waxa se jiray dhulka benderka ah in laga heli

---

[33] Hersi, the Arab Factor in Somali History, bogga 245

[34] Faahfaahin dheeraad ah oo la xidhiidh-dha dariiqooyinka suufiga ah ee soo gaadhay carriga Soomaaliyeed waxa laga heli kartaa buuggayga kale ee "Dirkii Sacmaallada" (2012).

jiray dumar faro-ku-tiris ah oo aqoon diineed lahaa. Tusaale ahaan, waxa jirtay gabadh Shiikhad ah oo la odhon jiray Xaali Cabdillaahi Tumaal oo hilaaddii badhtamihii qarnigii 20aad degganayd magaalada Ceerigaabo, lana sheegay in ay akhriyi jirtay kutub ay ka mid yihiin *Cumdat-ul-Saalik wa Cuddatul Naasik* ee uu dejiyay (qoray) ibn Naqiib Al-Masri (Geeriyooday 1368 MKD), isla markaana ay ku xidhnayd urur ama jamac haween ah oo Sitaadka tunta. Markii aan daba gal ku sameeyay sida ay wax ku baratay, kol haddii aysan Soomaalidu dhaqan u lahaan jirin in dumarka wax la baro, waxa la ii sheegay in si la mid ah hooyadeed ay Sitaadka taqaannay, waxna ka baratay dugsiyo ay abaabuleen culimo ka soo jeedda dariiqada Saalixiyada oo ka jiray Ceerigaabo. Culimadaasi waxa ay Ceerigaabo u soo wareegeen 1920-eeyadii ka dib markii la jebiyay Ina Cabdalle Xasan iyo Daraawiishtiisii. Waxa la sheegaa in dumarka ka ag dhow Dariiqada Saalixiyada ahi aanay Nasrada iyo Sitaadka tuman jirin, isla markaana culimada Saalixiyadu aanay shu'aysan (dhibsan) jirin waxbarashada gabdhaha[35].

Waxa kale oo dhugasho mudan in meerisyada Sitaadka badidooda laga dhex arki karo kalgacalka iyo u hilowga ay haweenku u hayaan dumarkii hore ee Islaamka magaca ku lahaa iyo weliba hooyadii ugu horraysay (Xaawa). Arrimahan aynnu soo taxnay waxa innooga dhex iftiimi kara in Sitaadku u dhigan yahay fal-celin ku aaddan falliimooyinka (falaadda) iyo hab dhaqanka ay raggu kaga

---

[35]Waraysi uu Hassan Ali Diriye la yeeshay Shiikh-al-Beledka Ceerigaabo, Shiikh C/Raxmaan Sh. Hassan Nuur

gaabsheen wax bariddii dumarka iyo gabdhaha yaryar kol haddii qof kastaa xaq u leeyahay in uu wax barto sida ku cad Xadiiskii Rasuulka (NNKHA) *"Doonashada cilmigu waxa uu waajib ku yahay qof kasta oo Muslin ah (rag iyo dumarba)"*.[36] Waxa kale oo aynnu odhon karaa in Sitaadka nuxurkiisu u dhigan yahay hiil doonasho ku aaddan dumarkaas hore ee magaca iyo maamuuska ku lahaa sooyaalka Islaamka.

Sida aynnu meel dambe ku faahfaahin doonno, ururka iyo is-bahaysiga Xaawaleeydu ma uu ahayn mid u dhigmi kara ulajeeddooyinka loo abaabulay ururrada haween ee gadaal kasoo baxay ee u dhisan waxa loo yaqaanno horumarinta dumarka – kuwaas oo dhaqdhaqaaqoodu inta badan abuuro dhafoor taabasho iyo iska horimaad fikir oo ka dhex abuurma ragga iyo dumarka. Ha yeeshee, qaar ka mid ah ulajeeddooyinka ugu mudan Sitaadku waxa ay yihiin is-tabantaabinta iyo is-taakulaynta dumarka, iyo dhinaca kale hoggaansanka dumarku ay raggooda kaga dambaynayaan ilaa ay ka gaadhayso haweenayda la qabaa heer lagu tilmaami jiray "Raalliyo" oo u dhiganta tilmaanta ay diinta Islaamku ka bixisay *"Al-Mar'a-tu-Saalixa"* oo sida uu muujinayo Xadiis sugani lagu sheegay in ay tahay oorida *"Haddii aad aragto aad muusootid, haddii aad ka socdaashidna kuu ilaalisa hantidaada iyo nafteedaba."{Bayhaqi}*.

Dhanka kale, ragguna in ay helaan qof dumar ah oo lagu tilmaami karo 'Raalliyo" waxa ay u ahayd yool ay

---

[36] Sunan Ibn e Majah, Book of Sunnah, Hadith no 224, Classified as Sahih By Allama Albani

hiigsadaan, waxana lagu tilmaami jiray ninka hela gabadh-dhaas oo kale in uu *'carrabka cirka la gaadhi karo"* ama ay u ahaato raynrayn iyo riyaaq aan soohdin lahayn.

Tiiyoo arrinku sidaas yahay, ayaa ragguna dhanka kale had iyo jeer Sitaadka u arki jireen dan-laawenimo, xoolo moogganaan iyo wadeeco/baylah xoolaha ku timaadda inta ay dumarku Sitaadka ku fooggan yihiin. Si la mid ah taas, waxa ay raggu u arki jireen meel ay dumarku xanta isu xantoobiyaan ama isku dhaafsadaan. Si kastaba ha ahaatee, raggu waxa ay u lahaayeen dul-qaadkooda, kamana ay joojin jirin abaabulka iyo ka qayb galka Sitaadka. Taasbaana keentay in uu Sitaadku noqdo mid dherer iyo fogaan sooyaal leh.

Dareenka ah in xilliga ay dumarku ku fooggan yihiin Sitaadka xooluhu lumi karaan ama wadeecoobi karaan ma uusan ahayn mid ka maqan dumarka. Sidaas daraaddeed, waa kuwa ku luuqeeya meeriskan ay ku howl gelinayaan Shiikh Abaadir:

Abaadirow Abaadir,
Abaadir ina Ibraahin,
Abaadir xaadir naadir,
Awrta dabar u dir Abaadir,
Maqasha soo dabbaal Abaadir.

Sitaadku kama madhnayn in uu ka gayb qaato fidinta diinta islaamka iyo wax sheegga wanaagsan – siiba dumarka dhexdooda. Dadaalka ay culimadii hore ee Soomaaliyeed (sida Aw Barkhadle[37]) u galeen in ay aqoonta Islaamka degaaneeyaan (waafajiyaan waayaha degaanka), si ay ugu suurto gasho bulshadii u badnayd reer guuraagu (marka laga reebo intii ku noolayd magaalo-xeebeedyadii hore) in ay si fudud u bartaan una qabatimaan Islaamka, ayaa si la mid ah qaar ka mid ah xaawaleeyduna iska xil saareen in ay kaalintaas oo kale buuxiyaan. Waxa ay xogihii diineed ee ay sida dadban ku weeleeyaan ku tiriyeen af Soomaali suugaanaysan (loo dhigay qaab suugaaneed), isla markaana qaar iyaga ka mid ah oo islaamo (dumar da' weyn) ah ayaa beelaha iyo degsiimooyinka ku dhex wareegi jiray. Ka sokow howshooda ah in ay aloosaan Sitaadka waxa ay ku dhex wadi jireen wax-iskula-daal (dabiib) ku salaysan isku dhaf dhaqan hore oo Soomaaliyeed iyo xogo Islaami ah oo ay u fidin jireen dumarka jirran (xanuunsanaya).

In dumarka jaadkan oo kale ah lagu tilmaamo in ay yihiin 'fooxisooyin' ayaa turunturro ku noqday in ay cidi danayso kaydinta iyo qoraal gelinta arrimaha la xidhiidha aqoon dhaqameedkan.

Sitaadku waxa uu la jaan qaadsan yahay ama uu barbar yaallaa qasaa'idka culimada Suufiyada. Haddaba waxa jiray haween si bowsi ah ama si dadban ku bartay qisooyinka diinta iyo axaadiista Rasuulka (NNKHA) iyo siiradiisiiba, hibana u lahaa hal abuurka. Inta badan dumarkaas oo da'da hore ugu maray ama islaamo ah waxa ay xilliyada qaar (siiba

---

[37] Dood ku saabsan cidda uu ahaa Aw Barkhadle waxa aan si faahfaahsan ugu soo bandhigay buuggayga *"Dirkii Sacmaallada"* ee soo baxay 2012-kii.

barwaaqada) dhex mari jireen beelaha iyo degsiimooyinka si ay u abaabulaan qabashada Sitaadka. Waxana ay ahaayeen dumar la isla yaqaannay oo magac ku leh aloosidda iyo qabashada Sitaadka.

Waxoogaa kala-duwanaanshiiyo ah ayaa lagu arki karaa degaannada kala duwan, ha yeeshee inta badan midhaha meerisyada iyo nuxurka ay xambaarsan yihiin waa isku ujeeddo.

Labada dhambalan (farac) ee Qaadiriyada ee la kala yidhaahdo Sayliciya iyo Awaysiya ayaa haweenka Sitaadka qabsada intooda badani ku xidhiidhsanaan jireen. Sidaas daraadeed, meerisyada iyo dulucdooduba waxa ay ku jaan go'an yihiin labadaas dariiqo. Dariiqada Saalixiyadu ma ay lahayn Nasrada iyo durbaanka. Sidaas awgeed dhif bey ahaayeen haween ku xidhiidhsan Saalixiyada oo Sitaadka qabsada.

Dhaqanka Sitaadku aad buu u wiiqmay, si la mid ah sida xadradii, shallaadkii, qasiidooyinkii awliyada iyo Nebi-ammaankii raggu qaadi jireen. Ha yeeshee, suugaantaas diineed ee raggu qaadi jiray qaybo badan oo ka mid ah waxa lagu dejiyay ama lagu kaydiyay qoraal, halka Sitaadka aan la siinin danayn la mid ah iyo wax u dhow.

Waxa aan isha mariyey xog ay soo ururiyeen labada xeel dheere ee kala ah Professor B.W. Adrzejewski iyo I. M. Lewis xilli ay gacanta ku hayeen aqoon-baadhis bulshotaariikheed (*social anthropolgical research*), gu'yaashii 1955kii iyo 1957kii oo ku aaddanayd bulshooyinka xoola-dhaqatada ee xilligii Somaliland ahayd Maxmiyaddii Ingiriiska. Xogtaasi waxa ay ku saabsanayd qoraallada af Carbeedka ah ee xilligaas ka jiray carriga Soomaalida. Haddaba kol haddii ay culimada diintu ay ahaayeen kuwa ay ku urursanayd weelaynta aqoonta diineed, wax-akhriska iyo wax-qoridduba, la-yaab ma laha in qoraaladaas badankoodu ay la xidhiidhsanaayeen arrimaha diinta – siiba "Madxi" (ammaan), "Qasiidooyin" iyo "Munaaqib". Xogtaasi waxa ay ku urursan tahay qaybta daba-dhahda (lifaaqa ah) ee buugga caanka ah ee "*Saints and Somalis*" ee uu qoray I. M. Lewis. Suugaantaas diineed ee ay labada aqoon baadhe heleen qoraalladoodii, hal (1) keliya mooyaane waxa ay inta kale ku saabsanaayeen culimo rag ah. Qoraalkaas qudha ahi ee dumar uun loo tiirin karo, oo u dhignaa qaab buraanbur diineed waxa uu ka kooban yahay afar tixood oo kala ah: b) *Indhadeeq* (duco loo tiriyay Faadumo-Rasuul), t) Nebi-Ammaan; j) *Bog yar* oo ahayd durraamasho (duco) ay ku ceeryoonsan tahay ruuxaaniyadi; iyo x) *Kaaha Shiikh* (duco loo tiriyay Xaawa).[38] Koobnida ama dhifnimada qoraallo laga sameeyay suugaanta diineed ama qasiidooyinka ay dumarku tiriyeen waxa ay muujin u tahay sida aan loo danaynin doorroonaanta (ahmiyadda) ay leeyihiin isla markaana aan loogu dadaalin qoraal gelintooda. Labadan aqoon-yahan ee aynnu kor ku soo xusnay waxa ay door (fursad) u heleen in

[38] Lewis, I.M., *Saints and Somalis* (1998); the Red Sea Press, Inc. p. 145

ay isha mariyaan kow-iyo-soddon (31) qoraal oo mid waliba
ka kooban yahay tiro xaashiyadood oo kala duwan, iyo laba
(2) buug-yare (*pamphlet*). Marka la isu geeyo waxa
dhamaantood gudahooda ku qornaa ilaa 135 qasiido oo ay
dareersheen (tiriyeen) culimo kala duwani   oo lagu
ammaanayo culimadii ay ka mid ahaayeen Sheekh Cabd-ul-
qaadir Jiilaani, Sh. C/raxmaan Saylaci, Sh. Yusuf Al-
kowneyn, Sh. Isxaaq bin Axmed, Sh. Ciise bin Axmed, Sh.
Qutubi, Sh. Ibraahim ibn Saalix, Sh. Cimaan bin Nuur, Sh.
Ibraahim Axmed "Kaabuli", Sh. Maxammad "Ma-dhibaan"
Sh. Muuse "Dheriyo" iyo Sheekh A/Raxmaan ibn Ismail Al-
jabarti.

Benderinimadu (reer magaalnimadu) waxa ay soo kordhisay
in dumarka Sitaadka tuntaa ay fakaag u helaan in ay helaan
aqoon   diineed.   Sidoo   kale   rugaha   Sitaadka   ee
magaalooyinka ayaa ay dumarku si joogto ah u yimaaddaan
inta u dhaxeysa maalin ilaa afar cisho toddobaadkiiba – in
kasta oo dumar badani beryahan dambe kaga mashquuleen
xilka garbahooda ku soo kordhay ee ah in ay qaar badani
qoysaskooda u xoogsadaan. Badiba maalmaha qaar ayaa si
gaar ah ugu calaamadsan xusitaan gaar ah. Sida ay qortay
Majra Tiilikainen oo aqoon baadhis ku samaysay Sitaadka,
waxa ay sheegtay in saddex urur Sitaad oo ay Hargeysa kula
kulantay ay xusitaanka u qoondaysteen maalmaha
Jimceyaasha, Isniinaha, Arbacooyinka iyo Khamiisaha.
Tusaale ahaan Jimceyaashu waxa ay ku suntanaayeen xuska
Nebi Maxammed (NNKHA), Isniinaha waxa la xusaa

Faadumo-Rasuul, Arbacooyinka iyo khamiisahana awliyada kala duwan.[39]

Magaalada Ceerigaabo waxa ay ka mid tahay meelaha sida aadka ah looga qaddariyo Sitaadka. Waxana sidoo kale jira kala geddisnaan maalmaha la tunto iyada oo lagu saleeyay xuska awliyada iyo dadka xurmada ku hor maray.

Waxa sidoo kale Sitaadka looga oogaa dhulka buuraleyda Ceerigaabo sida Xidhxidh, hareed, Maxaas iyo Midishi. Sida uu ii sheegay Hassan Ali Diriye, oo xog badan oo la xidhiidh-dha Sitaadka iga gacan siiyay, caansanaanta Sitaadka awgeed, waxa uu dhul beereedka Midishi ku arkay dhallinyaro rag ah oo si aad ah korka uga haysa (xafidsan) meerisyada Sitaadka.

Sida uu qoray Proff. Axmed I. Samatar, waxa Jiray xilliyadii u dhexeeyay 1960-70[kii] haween reer Gebilay ah oo dhistay maqaam ay ku qabsadaan Sitaadka. Waxaa haweenkaas abaabushay oo door weyn ka qaadatay gabadh la odhan jiray Sheekha Maryam Sh. Ismaaciil oo iyada iyo seygeedu (Sheekh Ismaaciil) ka soo jeedeen magaalada Allay-baday. Waxa ay u soo guureen Gebilay bilowgii 1960aadkii, waxana Sh. Ismaaciil ka noqday macallin dayaane (macallin diinta dhiga) dugsiga hoose ee Gebilay, halka Maryam-na ay malcaamad-Qur'aan furatay, ammin ka dibna loo qaatay macallimad ka dhigta maadadda diinta dugsigii hoose ee

[39] Marja Tiilkainen, *Sitaad* as a Part of Somali Women's Everyday Religion.

hablaha ee Gebilay. Haddaba markii iyada iyo haweenkii ay hor joogaha u ahayd isku dayeen in ay kordhiyaan xaruntii Sitaadka oo ku daraan masaajid iyaga gaar u ah, waxa si adag isu hor taagay raggii – iyaga oo ku dooday inaysan dumarku u baahnayn masaajid gaar ah balse ay ku filan tahay in ay daaradaha masaajidda ku tukadaan. Arrintaas dumarki waa ay ka biyo diideen, waana ay ka cadhoodeen, waxa se ay sii siisay ka go'naansho in ay howshooda sii wataan. Kolkaas, in kasta oo aanay haweenkaasi ka helin ragga taageero dhaqaale iyo mid niyadeed, haddana waa uu u hir galay rabitaankoodi iyaga oo kaashaday xaaawaleey ku sugan meel dheer iyo meel dhowba. Si gaar ah waxa uga qayb qaatay dumarka reer miyiga ah iyo dumar u badan degaanka Gebilay oo degganaa Jabbuuti. Xaruntani waxa ay noqotay bar-kulan wax barasho iyo cibaadaysi, iyo meel ay bilistu ku qabsadaan howlahooda uu ugu mudan yahay Sitaadku[40].

Mid la mid ah maqaamkaas Gebilay waxa uu ku oolli jiray magaalada Burco dacalkeeda koonfureed, waxana maqaamka u dheeraa balli (war) ay iyagu qoteen oo loogu magac daray Balligii Xaawa iyo Faadumo-Rasuul.

Waxa halkan xusid mudan in ay dumarku sooyaalka Soomaaliyeed ka gelayaan in ay ahaayeen ciddii ugu horraysay ee qodda balli (balley) ama war biyaha roobka lagu kaydsado. Waayadii (xilliyadii) hore ee reer guuraaga guurguurkoodu iyo hayaankoodu si dhammays tiran ugu jaan go'naa is-gedgeddiga xilliyada, doogga iyo biyaha, ma

---

[40] Ahmed I. Samatar, the Women's Mosque in Gebilay, (2000)

jiri jirin qaab ay u kaydsadaan biyaha oo ka badan ama dhaafsiisan weelka ay biyaha ku soo dhaansadaan. Ha yeeshee marka ay xilliga doogga tahay, dhulkuna naq yahay, biyaha roobkuna si ku meel-gaadh ah ugu kaydsamaan dhulka godannada ah sida qaydarrada, waxa ay ku negaan jireen dhulkaas inta uu dhulku naq yahay ama biyuhu ku jiraan godannadaas. Marka ay laastaan (goostaan ama dhammaystaan) biyihii iyo dooggii, waxa ay u laaban jireen dhul biyo ka ag dhow yihiin oo ay u 'ceel fadhiisan jireen'. Sidaas daraaddeed ma jirin balliyo iyo berkado ay dadku qotaan. Waxa se jirtay in dumarku ay dhaqan u lahaayeen in ay qotaan balliyo yar yar oo loo yaqaanno 'Balli Dumar'. Balliyada jaadkan oo kale ahi waxa ay ahaayeen midhaha ka dhasha Sitaadka, waxana ay lahaayeen saddex ujeeddo:

b) In reeruhu ka cabbaan xilli-roobaadka isla markaana ay dumarka ay kaga yaraato howsha dhaanku.

t) In baahida biyood ee Sitaadka ee looga baahan yahay kariska, cabbitaanka iyo dhaqista (xalidda) weelka loo helo biyo ku filan.

j) In wax-qabadkaasi dumarka u noqdo fal Eebbe (SOK) ku abaaliyo, oo ay ka ajarsadaan wixii beer iyo bog qoyan leh (dad, dugaag, xoolo, shimbiro, xamaarato) ee ka cabba.

Haddii aynnu is-waydiinno waxa keenay in dumarku ragga kaga horreeyeen qodista balliyada, waxa aynnu ku sheegi karnaa sidan: Marka aynnu hoos u dhuganno kala-qaybsiga howleed ee ragga iyo dumarka, haweenku waxa ay yihiin cidda badi lagu og yahay doonista, keenista, maaraynta iyo maamulka biyaha ee qoysku u baahdo. Mararka qaarkood waxa ay dumarku dhaanka (doonista biyaha) u geli jireen socdaal dheer oo guure iyo kallah arooryo leh si ay hadh galay (duhur) u soo guryo noqdaan. Sidaas daraaddeed, iyaga ayay ahayd cidda si xeel dheer u ogsoon ganaca[41] (qiimaha) ay ugu fadhiyaan biyuhu, kamana ay raalli noqon jirin in loo adeegsado si ay ku jirto tashiilid la'aan ama dhowris la'aani. Haddii ay arkaan qof biyaha daaddaadinaya waxa la maqli jiray haweenayda oo ku dhawaaqaysa: *'Waar/naa ka daa biyaha sidaas, biddaa huurtay e"!*[42]

Balliyada jaadkan oo kale ahi ma aysan weynaan jirin bedkoodu. Sidaas oo ay tahay ayaa haddana raggu yaraysan jiray wax-qabadka dumarka, sidaas daraaddeedna, magac-bixinta 'Balli Dumar' waxa ku jiray quudhsi.

Haddii aynnu dib ugu laabanno rugahii ama xarumahii Sitaadka ee magaalooyinka waaweyn iyo xitaa tuulooyinka qaarkood ka jiri jiray, waxa muuqata in badidood irriduhu u soo wada xidhmeen. Ka sokow saamayntii dagaalladii dalka

---

[41] Ganac: Eraygan asal ahaan waxa uu u dhigmaa 'qiime'. Kolkaasna 'ganac adag' iyo 'ganac jaban' waxa loola jeedaa 'qaali' iyo 'jabnaan ama rakhiis'. Eeg Qaamuuska Somali-English and English-Somali Dictionary, Evangeliste de Larajasse (1897)

[42] Biddaa huurtay = Marka aynnu u fiirsanno ulajeeddada odhaahda "biddaa huurta" waxa aynnu ka dhex akhriyi karnaa amaba ay runtu tahay dhibaatada ay u galaan dumarku soo dhaaminta biyaha, iyo in ilme yar oo carruur ahi daadaadsho. "Biddaa huurtay" waa hiif iyo habaar u dhigan (sida uu iigu sheegay af-aqoonka Axmed Maxammad Sulaymaan (Shiraac) 'la waa maydkaaga biyo lagu maydho".

ka qarxay 1980-aadkii, waxa burburka dhisme kaga sii darnaa weerarradii fikir ee ka aloosmay faafitaankii ururrada diineed ee gadaal kasoo baxay – kuwaas oo abuuray fikir bulsho oo aan soo dhoweynin Sitaadka, kuna tilmaamay in uu koobsanayo waxyaabo aan diinta ku bannaanayn, kolkaasna abbaaraan ama weerar la bar tilmaansadaan xilliga ay ku gudo jiraan wax-sheeggooda (wacdigooda). Taasi waxa ay dhalisay in dhaqankii Sitaadku ku ururo ama ku koobnaado guryaha gudahooda iyaga oo dumarku ka cabsi qaba dhaleecayn bulsho iyo marar badan caga juglayn iyo weerarro (sida ka dhacday koonfurta carriga Soomaaliyeed). Sababta weerarka lagala hortegay waxa aan ku fasiri karaa in Shirki loo qaatay – iyada oo loo fiirsaday keliya meerisyada qaarkood oo kuwo badan oo nadiif ka ahna la raaciyay.

Dhanka kale, dhulka miyiga ah marka la barbar dhigo magaalooyinka, waxa la arkaa in Sitaadku weli ku xooggan yahay, kana badbaaday 'sunaamida' fikir ee magaalooyinka sida xooggan u saameeyay.

MUUQAALLO KA MID AH SITAADKA

Madasha

Goobta Sitaadka lagu qabtaa hadba waxa ay ku xidhan tahay meesha la joogo. Haddii ay miyi tahay waxa inta badan lagu hoos qabsadaa geed damal ah hoostii. Marka magaalo la joogo se waxa lagu qabsadaa meelo loogu talo galay (maqaam) ama guryaha gudahooda – siiba guriga ay deggan tahay Shiikhaddu. Marka Sitaadka la tumanayo, dumarku waxa ay u fadhiistaan (iyaga oo salka dhulka ku haya) si wareeg ah oo la soo goleeyay. Dhulka magaalooyinka ah, inta badan, shiikhadda ayaa durbaanka tunta, hoggaaminsana kala horidda iyo ku luuqaynta meerisyada Sitaadka, dumarka kalena waa ay u jiibiyaan. Madasha waxa had iyo jeer ku gedaaman ruuxaaniyad iyo carfi culus oo ka dhashay foox/jaawi, maawered[43], iyo cadar. Waxyaabaha la cabbo ama la bidh-dho waxa ka mid ah bun, salool iyo xalwad. Udugga ma aha uun in uu raalli gelin u yahay nafta, ha yeeshee, sida ay sheegaan dumarka Sitaadku, waxa uu gacan siiyaa in uu soo jiito joogitaanka ruuxaaniyadeed (soo xaadirka) ee cidda lala beegsanayo sitaadka.[44]

Sheekhaddu ama Muriidku waa gabadh Alle-ka-cabsi badan oo aftahan ah, laguna tilmaamo 'uur-ku-buuglay' taas oo

[43] Maawered = *Maa al werd* waa biyo carfi leh oo ubax lag tuujiyay.
[44] Kapteijns/Mariam Omer Ali (1995), *Sittaat: Somali Women's Songs for 'The Mothes of the Believers"*. African Studies Centre, Boston University.

meeriskii ay maalin meel ku maqashayba xasuusteeda ku haysa.

Qaar ka Mid ah Meerisyada Sitaadka

Iyada oo ay Soomaalidu guud ahaan tixda u adeegsadaan in farriimaha ay xambaarsan tahay ahaato mid si fudud loo qaybi karo, loo weeleeyo, isla markaana ay dhegaysteyaashu ugu raadaysmaan si ay ku jirto xeel-dheeriyi, ayaa si la mid ah suugaanta Sitaadku ay astaantaas la wadaagtaa. Saansaankanina waa ka suurta geliyay in suugaanta Sitaadku ay noqoto mid ku dhex baahda dumarka Soomaalida meel kasta oo ay joogaanba, si isku mid ah ama isu dhowna loogu luuqeeyo midho iyo meerisyo la isla yaqaanno. Qaabka loogu luuqeeyo, inta badan, waxa weeye laba bayd oo ka hore lagu celiyo laba jeer, ka dambena hal mar lagu codeeyo. Bal u dhug yeelo meerisyadan:

Alla xasuuslaawooyinoow
Alla xasuuslaawooyinoow
Xaawi waxaydin tidhi;

Markaad soo xaabsateen
Alla markaad soo xaabsateen
Deriska xamashadiis

Siti Xaawa, Aamina bint Wahab iyo Faadumo Rasuul ayaa ka mid ah haweenayda ay dumarku ku xusaan Sitaadka, waxana laga dhex dheehan karaa meerisyada lagu ammaano u-hilow iyo jacayl ay u hayaan dumarkaas dhammaantood. Inta badanna marka ay meerisyada ku dhuftaan ama ku luuqeeyaan dumarka qaarkood waa ay jibboodaan. Jibbo ama Muraaqo waa saansaan (xaalad) uu qofka jibbooday galo oo ka dhalata jacayl xeel dheer oo qofku u qabo cidda uu jeclaado ee markaas lagu xusayo Sitaadka. Mararka qaarna waxa uu qofku dareemi karaa sidii uu arki karo ciddaas. Qofka dumar ah waxa laga yaabaa in ay fadhiga ka kacdo, dhexda gacmaha ku qabsato oo ay xadrayso iyada oo hor iyo gadaal u lulaysa qaarkeeda sare. Neef kudis ayay bilowdaa, waxana ka luma dheelli-tirankii jidheed iyada oo aan is-xakamayn karin. Dhaqdhaqaaqeeda ayaa degdeg bata oo joogsan waaya, ugu dambaynna sarajoogga ayay ka dhacdaa (ama miyir doorsoontaa).

Kol haddii Xaawa aynnu xusnay waxa lagama maarmaan ah in aynnu sidoo kele wax ka sheegno waxa ay dumarka Sitaadku ka yidhaahdeen Nebi Aadan (NKHA), siiba mucjisadii abuuritaanka Xaawa oo sida Muslimiinta caamkoodu qabaan laga sameeyay feedh-dhiisa bidix.[45]

---

[45]*Saxiix Bukhaari,* Galka 4aad Cutubka 55aad, lambarka xadiiska 548. Xadiisku waxa uu u dhigan yahay sidan: "*Ula dhaqma dumarka si dhibirsan, maxaa yeelay waxa laga abuuray (dumarka) feedh qalloocan, feedh-dhana waxa ugu qallooc badan qaybteeda ugu sarraysa, sidaas daraaddeed, haddii aad toosi is tidhaahdo, waa ay jabi doontaa, haddii se aad sideeda u dayso, waxa ay ku negaan doontaa qalloocaas. Sidaas awgeed, si debecsan ula dhagma*". Waxa jirta odhaah ay isku ula jeeddo yihiin xadiiskan oo ku jirta kitaabka Baybalka (Genesis 2:22): {*... and the rib which the Lord God had taken from the man he made into a women and brought her to the man*}. Si ka geddisan sidan kor ku xusan ayaa Qur'aanka Kariimka ahi ka bixiyay abuuritaanka Aadam iyo Xaawa oo uu Qur'aanka tilmaamay in

Waana arrin aan la-yaab lahayn in Sitaadka lagu xuso dhacdadaas:

Abuunaa Aadan wax la uumay kama horrayn
Dhoobo laga same oo Ilaah dhammee
Markuu beryo joogay oo waayo keli ahaa
Wehel bu waydiistay waynaheenna Ilaah
Markaasa feedh-dhiisa bidix Xaawa laga dhambalay!

Xaawa

Sida ay diimaha samaawiga ahi sheegeen, Xaawa waa hooyada aadamaha oo idil, inta rumaysanna agtooda ku leh xurmo. Waana hooyadii ugu horraysay ee dunida guudkeeda lagu meheriyay, kuna ummushay.

Arrinta ammaanta Sitaadka ee ay doorka weyn ku leeyihiin haweenka Soomaaliyeed waa duug-ka-hadheen dhaxal gal ah, ha yeeshee u ban dhigan in uu meesha ka baxo oo bogagga sooyaalka ku dhex lumo. Wiiqan iyo hoos-u-dhac baa ku yimid isu-gudbintii ay facyowga kala duwani isugu dhiibi jireen hadhaagaas qaayaha leh. Haddaba, waxa meerisyada Sitaadka ee loo tiriyo Xaawa ku jira xusitaan ah in meherka Xaawa ay markhaati ka ahaayeen malaa'ig uu ka mid yahay malag Jibriil (NKHA).

---

laga abuuray "naf keli ah" sida ku xusan Suurat-ul-Nisaa, Aayadda 1aad.

Malag Jibriil meheri Waligeed[46] malaa'ig noqay
Adaa meherkaaga malaa'iguhu ismiyeen
Yaan la dhaafineey Xaawo dhidib haween
Sitida Xaawaa u wayn una wanaagsanayd
Hooyadeen bay ahayd oo hibana way lahayd
Ummo hortaa oo hooyo hortaa ma dhalan
Hallaba lama haysan oo hooy la galay ma jirin
Oo haybadleey hortaa hooyo laysma odhan
Horraad lama nuugin oo hooyo laysma odhan
Subax hortaa lama tukan samir hortaa ma jirin
Duhur hortaa lama tukan oo duni hortaa ma jirin
Casar hortaa lama tukan oo caqli hortaa ma jirin
Maqrib hortaa lama tukan oo miyir hortaa ma jirin.

Xasuusta Geerida iyo Aakhiro

Mid ka mid ah arrimaha sida mugga leh loogu xuso Sitaadka waxa weeye is-xasuusinta geerida iyo Aakhirada.

Meerisyadan soo socdaa waxa si xeel dheer loogu soo ban dhigay muuqaallada carcarta geerida (*Sakaraat-al-Mawdka*), hoyga lama huraanka ah ee Aakhiro, in qofka falaaddiisu (camalkiisu) yahay waxa keli ah ee arlada ka raacaya, aakhirona tahay meel qoys-qoys iyo qaraabo la sheegtaa jirin.

Waxa sidoo kale laga arki karaa meerisyadan soo socda in ay ku dhisan yihiin hal abuur iyo curis aad u xeel dheer oo

---

[46] Erayga 'weli' waa af Carbeed, waxana loogala jeedaa xigaalka labka ah ee ugu dhow gabadh la rabo in la meheriyo. Nikaaxuna ma guntamayo la'aanta la la'yahay weli.

farriinta diineed ay dumarku isugu gudbiyaan iyaga oo
adeegsanaya tusaalooyin ay garanayaan oo xaggooda ku
weyn. Tusaaleyaasha ay soo ban dhigaan waxa ka mid ah in
Aakhiro tahay meel aan geel iyo adhi lagu godlayn, iyo meel
aan lahayn laas biyo ah iyo laan la hadhsado!

Anigoo sakaraad i gubay soo qariibayeey;
Indhuhu waa cadcad yihiin oo caad geeriyaad la saar
Is-garan maayee islaamo igu gooha ee;
Waxa aad qarinaysa ee qolana kula ogayn;
Inta aan lagu qaadinbaa qaydka laga ridaa;
Is-garan maayee Islaamo igu goohiyee;
Qasil la qooyiyo biyaa laygu soo qubyee;
Adigoo diiran[47] baa dawga lagu marshaa
Derisadii Aakhirooy soo qariibayeey;
Alla waa meel camalkaaga mooyee cid kale fadhiyin;
Alla waa meel midigtaada mooyee aan miciin kale lahayn;
Alla waa meel aan qoys-qoys la sheegtiyo aan qaraabo jirin;
Alla waa meel aan geel laga godlayn adhina loo gelayn
Alla waa meel geed la hadhsadiyo laas biyo lahayn;
Laga gaboobayninbaa la inna gaynayaa;
Wax baan dhaqday iyo wax baan dhalayba laga dhaqaaq;
Alla wixii qoyska oolli jiray waxba ka qaadan maayo ee
Wuxuu qaddariyay yaaminallah qayd yarbaa iga raacayeey;
Alla waa meel aan wiil aad dhashiyo aan walaal lahayn
Laga gaboobaynin baa la inna geynayaa.
Oo Sayid Calow waan socdaye
Samir ha la ii lahaado;

---

[47] Adigoo diiran: adigoo aan waxba sidan oo qaawan

Ummoy Xasaneey ummay Xusseen
Sasab ha loo lahaado;
Ummoy Xasaneey ummoy Xusseen
Xisaab ha loo lahaado.

Meerisyadan ugu dambeeya ee ka bilaabma (Oo Sayid Calow…) waxa ay dumarka Sitaadku yidhaahdaan waa dardaarankii Faadumo-Rasuul.

Marka laga tago nuxurka meerisyadan aynnu kor ku soo taxnay, murti (xigmad) kale oo aynnu ka baran karno waxa ay tahay qaabka ugu habboon ee dadka loo raadayn karo marka baaq diineed loo fidinayo in uu yahay in lagula hadlo tusaalooyin ay garanayaan oo agtooda ulajeeddo ama saamayn la taaban karo ku leh. Taasi waxa ay ka dhigan tahay in diinta la degaaneeyo oo ay noqoto mid lahaanshiiyo (in ay leeyihiin) ku abuurta dadka. Bal u dhug yeelo marka ay dumarka Sitaadku muuqaal (sawir) ka bixinayaan eedaadka Aakhiro iyo kadeedka (imtixaannada) qofku la kulmi karo:

Abeeso awr gaal[48] ka weyn aakhiray jirtaa
Aboorkoo adhiga leeg aakhiruu jira
Alla naa haygu soo qaadineey qalbigay xanuunayee!

Waa kan tusaale kale oo ay ka muuqato xeeldheeri, u-hilow iyo kalgacal ay dumarku u hayaan Nebi Maxammed

---

[48] Awr gaal = Awr geel.

(NNKHA) oo ay ku muujinayaan erayo agtooda qaayo ku leh oo ulajeeddo sare u samaynaya:

Halow[49] Nebi Macaane
Rug iyo Rasamaal ma doonee
Ha iga raaginee u soo roor
Sida ramadka geelaa.

Bal fiiri muuqaalka ku dhex jira meeriskan sare iyo sida uu u saamayn karo dhegaystayaasha. La-yaabna ma laha in culimadii hore ay waxyaabo badan oo diinta Islaamka ka mid ah degaaneeyeen si ay ugu jilciyaan bulshada aan waxba qorin, waxna akhriyin isla markaana aan aqoonin Af Carabiga. Tusaale dhow waxa innoogu filan durraamashooyinka (ducooyinka) kala duwan iyo suugaan diineed la Af Soomaaliyeeyay oo caan ka ahaan jirtay dhexdooda. Tusaale kale waxa aynnu u soo qaadan karnaa meerisyadan ka mid ah qasiido Nebi-Ammaan ah oo soo ban dhigaysa dhaqankii, ma-hadh-dhooyinkii (mucjisooyinkii) iyo tilmaamo ku saabsan muuqaalkii Nebi Maxamed (NNKHA):

Quruxdii Nebigeenna, ya qiyaasi karaaya,
Tima qoorta la joojoo, dhegta loogu qiyaasay,
Ilaah qaadira mooyee, ya qiyaasi karaaya,
Qorraxdoo duhur joogtuu, qariyuu ka caddaaday,
Marka uu qosol maago, qahqah muu odhonaynin,

---

[49] Erayga 'halow' waa halowdii tilfoonka. Waxana laga yaabaa in meeriskani ka mid yahay ku la curiyay intii uu tilifoonku bulshada dhexdeedka ku shaac baxay.

Arrinkani waxa uu ahaanayaa mid ay wax ka baran karaan culimada bulshada ugu baaqda diinta. Waxa se badiba jirta in culimada dambe aysan danayn badan siinnin ama xaalaynin dhaqanka iyo Af Soomaaligaba kana door bidaan af Carabiga.

Tusaalooyinkan hore waxa aynnu barbar dhigi karnaa kuwo la mid ah oo lagu dhex arki karo Qur'aanka Kariimka dhexdiisa, oo xoolo raacatadii Carbeed ay garan karayeen, waxana ka mid ah: *"Miyaanay arag sida geela loo sameeyay?"* [Al-Qur'an 88:17-21]

Haddaba miyaanay habboonayn in diin fidiyeyaasha dambe ay u dhug yeeshaan arrinkan, waxaaba laga yaabi lahaa in ay fure u noqon lahayd in ay maarayn u helaan sibiriirixashooyinkan is daba joogga ah ee ay la kulmaan dhaqdhaqaaqyada Islaamiga ahi. Guul darrooyinkaas waxa goor kasta lagu fasiraa *"imtixaan"* iyo *"tamxiis"* iyada oo eedda la saaro awood/xoog nacab ah oo inta badan loola jeedo 'Cilmaaniyiin ama Saliibiyiin'. Waxa aan la fogaysan karin, marka laga tago nuglaanshiyaha iyo gol daloolooyinka qorshe ee ururradaas, in minguurinta aragtiyeed ee tooska ah ee goor walba la soo ergisanayo aragti meel kale ku biqishay oo ka unkantay dhaqan, dareen iyo fikir bulsho ka geddisan kuwa Soomaaliyeed ay tahay bar nugaylka dhaqdhaqaaqyada ka unkama carrigeenna.

Is-xasuusinta in Eebbe (SOK) la socdo qofka hadalkiisa, maan-kaashigiisa (wax laabtiisa ka guuxaya) iyo falaaddiisa (wax-qabadkiisa) waxa uu meeriskan soo socdaa tarjumad ka bixinayaa Aayadda Qur'aanka Kariimka ah ee ku saabsan qoraal-gelinta arrimahaas ee ay ku kacaan labada malag 'ee midba dhinac ama garab qofka ka taagan yahay – kuwaas oo kala qoraya xumaanta iyo samaanta'.[50] Haddaba qoraal-galkaas ayaa goor dambe loogu kala soocayaa dadka *'Asxaab-al-yamiin'* iyo *'Asxaab-a-shimaal'*[51] oo kala ah kuwa toosan ee qoraal-galkooda (kitaabkooda) midigta looga dhiibi doono, iyo kuwa gabbood-falka iyo xumaanta ku suntan ee qoraal-galkooda bidixda looga dhiibi doono.

Qalbiga bani-aadan ma qar baa sow ma qoyo
Qabraa lagu riday kuwaan la qosli jiray dorraad
Maxaa labadeenna garab, gaadhka laga hayaa
Maxaa Qalbiga bani-aadan, qalin lagula meerayaa.

Sida ku cadcad axaadiista Nebi Maxammed (NNKHA), waxa jira xadiis u dhigan sidan: 'Qabrigu waa beer ka mid ah beeraha Jannada, ama god ka mid ah godadka Naarta'. {A-Tirmidi}. Sidaas daraadeed, mid ka mid ah astaamaha qabriga qofka gabbood-falka badan leh waa iyada oo qabriga lagu cidhiidhyo. Sidaas daraaddeed, dumarka Sitaadka waxa ay durraamashadooda (ducadooda) ku xusaan arrinkan iyaga oo Eebbe ka baryaya in uu qabriga u fidiyo.

---

50 Qur'aanka Kariimka: Qaaf 16-17
51 Qur'aanka Kariimka: Al-Waaqica: 33-41

Qabriga labadiisa dhinac, waysu dhow yihiin
Alla Qabriga labadiisa dhinac, waysu dhow yihiin
Allahayow kala dhufooy, maalintaan dhex galo

Joogtaynta is-xasuusinta qabriga iyo qiyaamaha ayaa leylyi (jilcin) og qalbiga iyo dareenka qofka isla markaana mararka qaarkood gaadhsiisa in uu jibboodo ama muraaqoodo. Meerisyadan soo socda iyana waxa ay u dhigan yihiin isku boorrinta in la talo saarto Eebbe (SOK), u hilowga Aakhirada oo ah hoyga lama huraanka ah, iyo in lagu badbaadi karo hoggaansanaan iyo cabsida Eebbe (SOK):

Alla miiyaan waynoow Ilaah la wakiilanaynee
Miiyaan waynoow Ilaah la wakiilanaynee
Miyaan waddadii caddayd laga dhaadhacaynee
Miyaan tani waa dhaxdine laga dheelmanaynee
Miyaan xejiyaay xabaal la xasuusanaynee
Miyaan waynoow Ilaah la wakiilanaynee
Miyaan Qabrigii madoobaa la qirsanaynee
Miyaan Rabbi iyo Rasuul lagu eeranaynee
Miyaan weylihii[52] jimcaha weel lagu ridaynee
Miyaan qayb yaroow bilaale[53] la qaadanaynee

---

[52] Weysha: Dumarka reer miyigu marka ay haanta caana lulaan, burcadka ay maalinta Jimce kala soo baxaan waxa ay dhigaan meel goonni ah, si gaar ahna waa ay u biiriyaan. Waxana ay ugu talo galaan dhiibashada (sadaqada). Waxa aan ku arkay degaanka Go'da Weyn ee u dhexeeya Hargeysa iyo Burco in ay dumarku guddi leeyihiin oo ay si joogto ah u biirshaan subagga laga diyaariyo weysha Jimcaha, ka dibna loo qaybiyo islaamaha gaboobay si ay uga dhigtaan madax-dhaashi, iidaan, dhegahana ku shubtaan, isla markaana ugu duceeyaan ciddii soo dhiibatay.

Miyaan Qiyaame iyo su'aal laga baqayninba ee

Xanta, Beenta, Masuugga iyo Arrimo Kale

Dumarku marka ay meel isugu yimaaddaan ama isu soo wareegaan waxa badiba la sheegaa in xamashadu u noqoto madadaalo. Haddaba diinta Islaamku waxa ay ka dhigtay xanta arrin lama taabtaan ah (xaaraan), si adagna waa looga gooddiyay bulshada Muslimka ah, Eebbena (SOK) Qur'aanka Kariimka ah waxa uu ku sheegay in 'qofka wax xamanayaa u dhigan yahay sidii qof haanfiiraya ama cunaya hilbihii walaalkiisa dhintay[54]. Sidaas daraaddeed, madasha Sitaadku waxa ay tahay meel ay dumarku iskaga waaniyaan xanta, beenta iyo tilmaamo kale oo aan wanaagsanayn sida gacan adaygga ama masuugga.

Arrintan dambe ee isku boorrinta gacan furnaanta waxa innooga marag ah hab-dhaqanka samafal ee ay dumarku ku kacaan iyaga oo sii dhiibta wax ay raggooda iskala raalli yihiin ama ka bixiya waxa ay gaar u leeyihiin. Halkanna waxa la oogi karaa arrin ku saabsan wax lahaanshiiyaha dumarka oo dhaqan ahaan la gudbin jiray marka la barbar dhigo ragga. Tusaale ahaan, hantida iyo xoolaha qaarkood marka la dhaxlayo waxba lagama siin jirin. Waxana ka mid ah geela iyo dhirta beeyada. Hab-dhaqankani waa mid ka

---

[53] Bilaale = waa koob. Asal ahaan waxa uu ka soo jeedaa jaad la soo dhoofsan jiray oo korkiisa ku watay muuqaal bil (dayax yar) oo soo baxay. Ka sokow in shaaha lagu cabbo, waxa lagu miisan jiray sonkorta iwm. Halkan waxa looga jeeda "miyaan ugu yaraan mugga bilaale oo cunto ah la dhiibanaynin?"

[54] Qur'aanka Kariimka ah: Sura 49:12

dhashay qaab-dhismeedka beelaha Soomaaliyeed ee ku salaysan aabo-tirsiga (patriarchal) ee beel walba ay u tirsan yihiin uun raggu (qoodhoole). Waxana ay beelahaasi ku dadaali jireen (inta karaankooda ah) in ay hubiyaan in hantida ay leeyihiin aanay ku wareegin cid (beel) kale – maxaa yeelay waxa ka dhexeeyay tartan joogta ah. Waxana ugu daran ee ay ka cabsan jireen dhaxalwareegid. Hantidaas (siiba geela) waxa ay u dhignayd mid ay wada leeyihiin oo ay soo wada dhici jireen ama dhacsan jireen iyaga oo si dhego nuglaanshiiyo ku jirto uga fal celin jiray qaylodhaanta ah "Yaa maali jirayeey!. Si la mid ah taas, in dumarka aan laga qayb gelin dhaxalka dhulka ay ka baxaan dhirta faleenka ahi (siiba beeyada iyo mayddigu) waxa ay iyana ku sal leedahay hubinta in aan dhulkaasi beel kale u wareegin.

Dhinaca kale, iyada oo dhaqan ahaan dumarka Soomaaliyeed ka arradnaayeen wax lahaanshiiyo gaar ah oo ay gabadh-dha la qabaa goor walba marti uga ahayd ninkeeda ku takri falka xoolaha qoyska, hadda waxa jiri jiray dhaqan u dhigan qaab abaal marineed oo ragga qaar la beegsan jireen dumarkooda. Tusaale ahaan marka ay ummulaan ee ay haystaan ilme socodbarad ah, waxa ay ragga qaarkood gar waaqsanaayeen in ilaa inta uu ka gaadhayo shan jir ay tahay xilliga uu ugu howl badan yahay. Sidaas darraadeed, waxa ay dumarka howshaas kaga abaalin jireen sabeen adhi ah.

Caanaha marka ay lulayaan si ay subagga ugala soo baxaan, waxa ay meel ku ururiyaan weysha ay maalinta Jimce kala soo baxaan haanta caanaha – iyaga oo ugu talo galay cid baahan oo ku soo dul dhici karta (gaarahaan dumar), markaana ay hor Alle u dhiibtaan. Waxa kale oo xusid mudan ururinta qaraamaadka.

Waayihii (xilliyadii) hore, Soomaalidu dhaqan uma ay lahayn caano diiqashada. Erayga caano diiqasho waxa loola jeedaa in la iib geeyo caanaha. Maxaa yeelay meel loo iib geeyaaba ma ay jirin – iyada oo magaalooyinka carriga Soomaaliyeed ka jiraa ay ku teedsanaayeen xeebaha oo keliya. Dhulka miyiga ah ee ay qoysas wada yaalliin, waxa ay ahayd xilka dumarka in ay qayb caanaha ka mid ah ku deeqaan, ururiyaan, weelna ku kaydiyaan, hoos dhigaanna hooska (hadhka) geed hadhac ah, iyaga oo ugala jeeda in ay ku sooraan dadka goolmoon ama kuwa socotada ah, daallaan ama harraaddan – ha ahaadaan sahan, baadi-doon iwm. Waxa la odhan jiray caanahaas "dhowrto"[55] ama "qaraamaad." Dumarku si ay isugu boorriyaan bixinta caanaha qaraamaadka waxa ka mid ahaa odhaahahooda caanka noqday:

"Tii ugu dambaysaay daba qambool
Tii badisaay adhigu kuu baday
Tii la bakhayshaay adhigu kaa bax"

Iyo Ducadan kale oo ay ku duceeyaan cidda dhowrtada bixisa ama kuwa la siiyaa:

---

[55] Dhowrto = Waxa loola jeedaa wax-dhiibashadu in ay qoyska ama reeraha ka dabbaasho/ka ilaaliso ama ka baydhiso belaayada.

Ilaahayow Waalidiintii ka sawaabi
Kursa Caddiin[56] ah
Kala xareed[57] ah
Ilaahayow qaalmo igadh ah uga yeel
Oon ka gudhin oo ka gaagixin uga yeel
Ilaahayow Ducadaas xaraf-xaraf u gaadhsii
Al-Faatixa

Waxyaabaha ay Soomaalidu ka rumaysan tahay wax dhiibashada oo si la mid ah diinta Islaamka lagu sheegay in ay tahay jicsan (sahay) qofka ka sii horreeya waxa ka mid ah sheekadan la-yaabka badan ee ku saabsan nolosha 'Barsakha' ee aynaan garan karin jaadka ay noloshaasi tahay ha yeeshee Muslimiintu rumaysan tahay.

Marka ifka laga dheelmado, ee qofku dhintu, ee xabaasha laga dhaqaaqo, jaqafta kabtu marka ay weli sii baxayso, habeenkaas waxa la yidhi marka ugu horraysa qanjaafil[58] baa loogu soo qaraamaadaa, waxana ay ka dhigan tahay casuumad la siiyo qofku marka uu iilka tago. Taagow qanjaafisha adhiga (yaraan inta ay ka qabto oo xitaa la garan karo inaysan lahaynba mug ay wax ku qaaddo) ayaa qaraamaad loogu soo ururiyaa. Marka xiga waxa la odhonayaa "bal ha la dayo wixii uu sii baxsan (dhiiban) jiray" oo meel loogu kaydin jiray.[59]

---

[56] Kursa cadiin ah : waxaa loo la jeedaa kurus cad cad oo baruur ah
[57] Kala xareeda: waxa weeye Kal , kalshin , ama Balli
[58] Qanjaafil = Waa ciddida qoobleeyda – siiba adhiga.
[59] Waxaan ku helay waraysi aan la yeeshay hooyaday iyo walaashay.

Arrinkan sare waxa uu hoosta ka xarriiqayaa in wax
dhiibashadu (sadaqadu) aanay ahayn wax sokeeya ama la
fudaydsan karo. Markaas qofka aan wax sii dhiganini ama
iska sii horraysiinini waxa loo arkayaa in uu yahay mid ay
ku habsatay ayaan darro weyni.

Meerisyadan soo socda iyo kuwa kale ee ku gudo jira
buuggan waxa innooga soo dhex baxaya kaalinta wayn ee ay
dumarku ku lahaayeen in ay Islaamka ku dhex fidiyaan
dumarka dhexdooda – tiiyoo aan weliba raggu u ogayn wax-
qabadkoodaas. Waxana la-yaab leh in ay dumarku is-diraan
si ay wanaagga diinta Islaamka dhexdooda ugu faafiyaan
iyaga oo aan wax gacan ah ka helin ragga oo weliba
waxbarashadii ay kala masuugeen.

Sida ay mederisaddu u tahay xarun barbaarineed, ayaa si la
mid ah xarumaha Sitaadkuna u ahaayeen meel laga gudbiyo
aqoonta Islaamka. Sidaas awgeed, waxa uu qorahani qabaa,
haddii uu meesha ka maqnaan lahaa doorkan ay dumarku
kaga jireen arrinkan – haba koobnaado e - in dumar badani
ku sugnaan lahaayeen moogganaan dhammays tiran oo la
xidhiidha arrimaha diintooda.

Meerisyadan hoos ku qoran waxa si xooggan uga dhex
muuqda Siti Xaawa. Sida uu magaca Xaawa ugu soo
noqnoqonaayo Sitaadka ayaa la odhon karaa in ay kula
baxeen magaca 'Xaawaleey'. Halkan waxa laga dheehan
karaa xidhiidhka ruuxaaniyadeed ee isku xidhaya bilista
Soomaaliyeed iyo hooyadii ugu horraysay:

Alla xasuuslaawooyinoow, Xaawi waxaydin tidhi;
Naa ma ka soo xaadirteen, deriska xamashadiis;
Oo maka soo xaadirteen seyga xamashadiis;
Naa ma ka soo xaadirteen, xan iyo beenawaas[60];
Alla maka soo xaadirteen, xaydho dedashadii;
Alla xasuuslaawooyinnow, Xaawi waxaydin tidhi;
Alla ma hayo ma hayoyooyinkii, ma hayo baasooyinkii
Waxba hay waydiinnineey, aniga iga war suga;
Alla xasuus laawooyinoow, maad xasuusataan xabaal;
Naa ma ka soo xaadirteen, xaydho dedashadii;
Alla ma ka soo xaadirteen, sayga xamashadii;
Alla ma ka soo xaadirteen, deriska xamashadii;
Alla ma ka soo xaadirteen, xume dhammaanshahood;
Alla wa ka soo xaadirnoo, waxaanu nahay xalaal
Alla ka soo xaadirnoo, waxaanu nahay xariir.

Caasha (Caa'isha)

Haweenka soomaliyeed marka ay tirinayaan meerisyada sitaadka kama madhna ayaa la odhn karaa, ficil iyo u beegnaanshiiyaha ragga. Waxaa jirtay in ragga culimada ahi ay xusi jireen rag diinta iyo dariiqooynkeeda maqaam sare ku lahaa sida sheekh Cabdulqaadir al Jeylaani, Sheekh Cabdiraxmaan Saylici iyo Sheekh Aweys Axmed. Sidaas daraaddeed maadama haween la xusaa jirin ee dhammaan ciddii la xusaaba rag yihiin ayey dhankooda isu abaabuleen in ay nooleeyaan xuska Caasha.

---

[60] Beenawaas = Beenaalihii caanka ahaa.

Meeriskani waxaa uu ka mid yahay kuwa sida tooska ah
Caasha loogu ammaanayo:

Abaay Caashaay, caalimeey cisi Alle ku saar
Alla casabadii ku xamatana, ciid naara loo cantuug
Caasha cadeey nin ku caayaa ciid naareed buu cantuugaa.

Roob doon

Abaaraha iyo colaaduhu waxa ay nolosha Soomaalida kaga
tegi jireen riiqasho, dhimasho, eedaad, kala irdhow iyo bara-
kac. Sidaas daraaddeed, dumarku waxa ay dhigan jireen
Alla-bari ay ugala jeedeen in Eebbe (SOK) ka jebiyo kana
qaboojiyo silica iyo sunufta abaarta. Waxa ay dumarka
Sitaadku rumaysan yihiin in marka ay madasha isugu
yimaaddaan carruur iyo dumar waayeel ahi in ducadu
noqoto mid xagga samada laga oggolaado.

Dhaqanka la-yaabka leh ee la samayn jiray xilliga ay dhacdo
abaarta darani waxa ka mid ahaa in marka Sitaadku
dhammaado dhulka la jiidi jiray gabadh 'xilo janno ah' oo
loola jeedo mid wanaag badan loo tirinayo. Deedna inta la
jiido ayaa la yidhaahdaa *"Eebbe ha ku soo furto"*. In yar ka
dibna waxa la arki jiray daruuraha cirka oo isa soo cuga ka
dibna da'a roob lagu qabowsado, lagagana raysto abaarta.[61]

---

[61] Sheekadan waxa aan ka qoray islaan da' ah oo magaceeda la
yidhaahdo Cawo Jaamac oo maalin aan gaadhigayga ku
socdaalayay aan iyada jidka ka sii qaaday.

Werin kale oo ku saabsan roob doonta iyo dumarka ayaa sidan u dhigan:

Marka sitaadku dhammaado ayaa ay dumarku is-waydiiyaan: *"Tumaa xaawaleey ah, oo xilo Janno ah, oo ninkeeda u xil qarisa?"* Kolkaasbay mid iyaga ka mid ahi ku tiraabtaa: *"Aniga ayaa xaawaleey ah, oo xilo Janno ah, oo ninkayga u xil qarisa."* Markaas baa faryaro bidix laga xidhayaa. Markaas bey ku tiraabaysaa:

> *"Allahayow far bey xidhan,*
> *Allahayow far bey xidhan,*
> *fartuna waa faryaro bidix,*
> *Allahayow biyaan xaday,*
> *Allahayoow i soo furo!"*

Meeriskan sare waxa aynnu kala soo dhex bixi karnaa in dumarka Sitaadku ay ogsoonsaayeen in camalkooda wanaagsan ama suubban ay Eebbe (SoK) ku baryi karaan. Ha yeeshee, judh-dhada horeba, waxa meeriskan dadka qaar ku tilmaami karaan 'jaahilnimo iyo bidco'. Waxana ay dhacdada jaadkan oo kale ahi inna xasuusin kartaa sheekadii ku jirtay Xadiiskii ay Bukhaari iyo Muslim wariyeen ee ku saabsanayd saddexdii nin ee socotada ahayd ee roobka ka galay god dhagax ah; ha yeeshee dhagax kasoo shalwaday[62] buurta uu afaafkii ka daboolay. Ka dibna ay awood u waayeen in ay ka baxaan. Sida xadiisku muujinaayo, sida keliya ee ay kaga samato baxeen waxa ay

---

[62] Shalwaday = kasoo dhacay

ahayd in ay Eebbe (SOK) ugu tawasulaan camalkii suubbanaa ee uu mid waliba sameeyay. Si la mid ah taas, dumarkan odhonaya *"Allahayoow i soo furo!"* waxa ay u muuqataa in Eebbe (SOK) ugu tawasuleen (si ducadooda loo yeelo) ahaanshiiyaha ay yihiin "Raalliyooyin". Waxa loola jeedo 'Raalliyo" waxa innoo sii bayaaminaya xadiiskii kale ee uu Rasuul Alle (NNKHA) yidhi: *"Haddii ooriyi tukato shanteed salaadood, sharafteedana dhawrto, una hoggaansanaato ninkeeda, ka dib waxa ay irridaha Jannada ka geli kartaa mid Alle ka ay doorato"*. [Saxiix Ibn Xibbaan].

Intaa kadib, weel madhan bay qaadanaysaa, oo iska yeel yeelaysaa in ay biyo darsanayso. ka dib waxa oogsada (fadhiga ka kaca), dhammaan dumar iyo carruur, waana la hareer galaa haweenaydaas iyada oo xaynka maradeeda dhulka jiidaysa. Ka dibna, mar keliya ayaa ururkii oo dhammi iska yeelyeelaan sidii ay xareed dhaansanayaan ama laga dharqado[63]. Carruurta ayaa ku dhawaaqda *'Biyoo batalaq, boolaleey!'* iyaga oo cagaha dhulka la dhacaya oo iska dhigaya in ay biyaha ku saydhinayaan calaacalaha cagahooda dhulka si is-daba jooga ah ugu dhacaya. Dumarkuna weelkii cuntada laga madhiyay ayay iska yeelyeelaan sidii ay biyo ku dhurayaan. Markaas ka dib, sidii Eebbe (SOK) looga bartay ayaa ay daruuro roob xambaarsani soo ururaan oo ay xareeddu degellada iyo digada dalaal qaaddaa. Ha yeeshee waxa ay dumarka qaar

---

[63] Dharqado/dharqasho = Roob wanaagsani haddii uu xilli aad loogu baahnaa da'o, dadka iyo xooluhuna si fiican uga haqab beelaan biyaha, arrinkuna noqdo 'dhiishaa dhaansi', saansaankaas oo kale baa la yidhaahdaa 'dharqasho'.

ka sharqamiyeen inaysan arrimuhu sidii hore ahayn, maxaa yeelay (sida ay yidhaahdaan) roobka ammin dheer kama maqnaan jirin, waxana ay halhays u lahaan jireen "dumarku halka ay fadhiistaan (ku sitaadaan) iyo halka uu Ayaxu ku dego, roobka ayaa markiiba u daba mari jiray".

Waxaa sidoo kale ka dhici jirtay degaanka la yidhaahdo Maakhir ee Gobolka Sanaag siiba dhulka u dhexeeya Maydh iyo Laas Qoray in xilliyada ay abaar ba'ani dhacdo, si la mid ah ragga lagu samayn jiray arrinkan oo kale oo dhulka la jiidi jiray. Ninka reerka ugu mudan inta la qabto isaga oo aan is ogayn ayaa lagu odhon jiray *"Is furo oo Eebbe roob noo wayddii, haddii kale bacadkaas iyo cadceeddaas baa lagugu xidhayaa"*. Ilaa roobku ka da'ayo oomato (biyo iyo cunno) midna lama siin jirin. Waxana dhici jirtay (sida ay u taal sheeko dhaqameedkaasi) in ammin yar ka dib la arki jiray roobkii oo da'aya. Ragga arrinkan oo kale lala beegsan jiray waa kuwa kula baxay naanaysaha ay ka mid yihiin "cir guje" oo haddii ay "Eebbahayoow" yidhaahdaan in ducadooda iyo habaarkoodaba samada laga oggolaan jiray.[64]

Sitaadka iyo Colaadda

Colaadda ka dhex dhalata reeraha Soomaaliyeed waxa ay ahayd mid ammin dheer soo jirtay heer la odhon karo in bulshadaas ay ahayd mid col-u-joog ah oo dadka goor walba

---

[64] Sheekadan waxa ii soo gudbiyay Xasan Cali Diiriye oo aan ku xusay magaciisa qaybta mahad naqa buugga. Waxana uu ii sheegay in uu ka qoray oday dhaqameed magaciisa la yidhaahdo Sh. Axmed Maxamed, oo degaankiisu yahay Xiin-galool.

dhegtu taagan tahay ama la dhowrayo dhiillo soo dhacda. Erayada u taagan tawaawaca sida 'hoogay oo ba'ay' iyo 'tollaay' waxa ay dhego nugayl ka dhex heli jireen cidayowga (cidda) dhibbanaha ah ee cidda dhibta la gaadhsiiyay ay isku tolka yihiin. Qof wixii la gaadhsiiyaana waxa uu ahaa waxa beel idilkeed la yeelay ama lagu sameeyay, maxaa yeelay, inta isku reer ahiba waxa ay ku jireen heshiis aan qornayn oo intii isku tol ahiba (tol waa tolane!) isku taageerto (daw iyo mararka qaarkood daw darro), iskuna gaashaan buuraysato iska caabbiga iyo ku-duulitaanka cidayow kale.

Raadaynta ay dirirtu ama dagaalladu ku yeelan jireen dumarka iyo carruurta oo dhaqan ahaan loo aqoonsanaa bir-ma-gaydo, waxa ay ahaayeen qaar dhaawac maan u gaysta iyaga – haddiiba ay ka nabad galaan wareematada marmarka qaarkood wisiisi kula dhex dhacda oo u badheedha falliimooyin aad u naxariis daran sida ummula-dooxid iyo in dumarka iyo carruurta la qafaasho.

Dumarku iyaga oo ogsoon, kol haddii ay dhaxdin yihiin, in raggoodi, wiilashoodi iyo xigaalkoodi ku dhiman karaan, kuna dhaawacmi karaan dirirta aan kala go'a lahayn, waxa ay dareenkooda murugo ku muujin jireen Sitaadka. Waxana ay Eebbe (SOK) ka baryi jireen in Uu colaadda biyo kaga shubo. Iyada oo ay Soomaalidu guudahaan ay ku caan baxday dirir jacaylka iyo isu awood sheegashada ayaa meeriskan soo socdaa si gaar ah u abbaarayaa laba qolo oo ka mid ah kuwa ugu ballaadhan reeraha Soomaaliyeed –

kuwaas oo kala ah Daarood iyo Isaaq. Waxa xusid mudan in meerisyadani ay caan ka yihiin Gobolka Sanaag oo ay beelahaasi wada degaan. Farriinta laga dhex dheehan karo meerisyadanina waxa ay yihiin in ugu horrayn aanay maangal ahayn in dad ay ka dhexayso dhaxdin, wada dhalasho, degaan iyo dhaqan ay is-rifaan, qayrkoodna iska reebaan. Saansaanka sidaas u dhigan, ama colaadda soo jiitantay ammin dheerina ay ka yaabisay dumarka oo ay is weydiinayaan *'Maxaa dirirta adag dhex dhigay?'* Sidoo kale, midhaha Sitaadkani waa Alle bari (duco) ay Eebbe (SOK) ka baryayaan in uu u heshiisiiyo 'bah-weyntooda' oo ay ula jeedaan laba reer oo isu baahan oo aan meelna u kala tegi karin. Waxa ay kaloo dumarku ku muujinayaan meeriskan sida ay labada Shiikh (Shiikh Isaxaaq iyo Shiikh Ismaaciil Jabarti – Daarood) isugu ujeeddo ahaayeen, walaalo islaameed ahaayeen, isla markaana 'shardiga' u xidhnaa ahaa mid aan kala gaynayn (kala fogaynayn) dadka – bal se isu soo dumaya (ururiya), nabad lagu caano maalana xambaarsanaa.

Waa kuwan meerisyadaasi:

Shiikh Isaxaaq, Shiikh Ismaaciil, Shardow xidhnaa.
Awoow adaa duula oo wada dawaafayee;
Waa wada dikriyayeen markay dowga soo mareen
Allow maxaa duriyadoodii dirirta adag dhex dhigay?!
Awoow adaa dikriyayee Alaa adaa dikriyayee,
Markay dawga soo mareen;
Durriyaddoodii maxaa, dirirta adag dhex dhigay?!
Allahayow noo heshii(sii) hub weyntayada

Allahayow noo heshii(sii) hartiyo Isaaq;
Allahyow noo heshii(sii), bah weyntayada;
Oo wey wada duulayeen, oo wey wada dawaafayeen;
Alla wey wardiyayeen, markay dawga soo mareen;
Shiikh Isaxaaq, Shiikh Ismaaciil, Shardow xidhnaa.

Astaamaha Sitaadka waxa ka mid ah in uu kulmiyo xaalado, xilliyo iyo dhacdooyin kala taggan (duwan), sida labada Shiikh (Sh. Daarood iyo Sh. Isaxaaq) oo la sheego in "imaatinkoodii" carriga Soomaaliyeed ay u dhexaysay gu'yaal badan oo lagu hilaadin kara inta u dhexaysay 100-200 sano, ha yeeshee waxa halkan ku xusan in ay 'wada dawaafayeen, wada dikriyayeen, daw (jid) soo wada mareen, isla markaana shardi u wada xidhnaa!' Tusaale-ahaan, waxa ay dumarka Sitaadku rumaysan yihiin in mararka qaarkood, siiba marka si fiican loo alooso Sitaadka, in ay Awliyadu soo xaadirto. Si la mid ah, waxa ay sheegaan in Faadumo-Rasuul ka soo dhex xaadirto, bal se dumarku aanay garan karin midda ay tahay, sidaas daraaddeedna habboon tahay in dumarka Sitaadku xilliga ay madasha ku sugan yihiin ay si dhibirsan isula dhaqmaan.

Tusaale kale oo la xidhiidha doorka Sitaadka ee xoojinta nabadda waxa uu ahaa howl gal ruuxi ah oo u dhigan qaab duco iyo siyaarooyin ay dumarka Sitaadku kaga fal celiyeen dagaal laba beelood ku dhex maray degaanka Daroor ee Kililka Shanaad (2006)[65].

---

[65] Tiilikainen, Marja, *Sitaat as Part of Somali Women's Everyday Religion*

Sanga Baxarka

Mid kale oo ka mid ah meerisyada ay Sitaadka u adeegsan jireen islaamaha Soomaaliyeed marka ay Xawiyo-Faadumada tumanayaan ayaa u dhigan sidan:

Arooskii Aasiyiyo[66], ururkii Maxamed Sharaf,
Ilaahoow Sanga Baxarka beerkiisa hayga qadin,
Kuwa qale e, qaybiye e, ka qada ha iga dhigin.

Meeriskan waxa ku dhex duugan sheeko dhaqameed la-yaab leh. Waxana innooga dhex muuqan kara isku dhaf caqiidooyin iyo dhaqanno kala duwan oo la is-barkiyay.

Buuggayga Dirkii Sacmaallada waxa aan si qoto dheer uga faallooday xidhiidhka rumayneed (ruuxaaniga ah) ee ay Soomaalidii hore (iyo weliba Masaaridii hore) la lahayd lo'da. In lo'du meel sare kaga jiri jirtay arrimaha diineed ee

---

[66] Aasiya = Waxa loola jeedaa gabadh-dhii uu qabi jiry Fircoon, ee rumaysay Eebbe (SOK), kana bariday (sida ku xusan Qur'aanka Kariimka ah): " ....*Rabbigayagow, agtaada, Jannada gudaheeda guri iiga dhis, igana badbaadi Fircoon iyo falaaddiisa, igana badbaadi dembi faleyaasha"* {Qur'aanka Kariimka ah: A-Taxriim: 12}. Sida uu ku fasiray Sh. Abdullah Yusuf Ali, Aasiya waxa loo yaqaannaa mid ka mid ah afarta dumarka ah ee toosnaani u dhammays tiran tahay oo saddexda kale ay yihiin Maryam (hooyadii Ciise ina-Maryam), Khadiija (ooridii Nebi Maxammed – NNKHA) iyo Faadumo-Rasuul (EHRA). Aasiya waxa ay kaloo tahay tii badbaadisay noloshii Nebi Muuse (NKHA) markii uu ahaa ilmaha mujada ah (ama dhalaqa ah). (The Holy Qur'an: Text, Translation and Commentary, Amana Publication, 1983)

Soomaalida iyo bulshooyin kaleba – ha ahaato dhulka Bariga Dhexe iyo Hindiya – waa arrin marag badan loo hayo. Si la mid ah taas, Soomaalidii hore waxa ay rumaysnaayeen in isu-dheelli-tirnaanta arlooyinku ku salaysnaa kal-gacayl ka dhex jiray dibi iyo sac. Arlooyinkuna waxa ay, si isu-dheelli-tiran, u dul yaalleen geesaha dibiga oo weligii isha ku hayn jiray sac ku xidhan meel isaga ka soo horjeedda. Bale se mar Alle marka uu dibigu indhaha ka laliyo ama ka jeediyo saca, waxa habsami-u-shaqaynta arlooyinka ku dhici jiray kala-dhantaalnaan, ka dibna waxa dhici jiray ama la arki jiray eedaadyo iyo rogmashooyin dabiici ah.

Urur- xiddigeedka ay Soomaalidu u taqaanno '*Jidkii Habaar-qabe hooyadii jiiday*" ee Af-ingiriisiga lagu yidhaahdo the *Milky Way* oo la macno ah Jidkii Caanaha, waxa ay rumaysnaayeen Soomaalidu in uu ka dhigan yahay caanihii ka dareeray candhada saca ku lammaan dibiga. Marka laga tago cilmiga xiddiginta iyo in ay ku tilmaansadaan xilliyada ama meel-u-jeedsadyada (jihooyinka) xilliga guuraynta (socodka habeennimo), waxa ay kaloo Soomaalidu u adeegsan jireen xiddigaha arrimo ay ka mid yihiin barbaarinta wanaagsan ee carruurta. Tusaale ahaan "jidkii Habaar-qabe hooyadii jiiday" waxa ay uga jeedeen in ay ka dhaadhiciyaan xumaanta ay leedahay adoogyada oo la xumeeyo ama loo sama-fali waayo (waalidinkaarnimo). Ninkii habaar-qabaha ahaa ee hooyadii dhulka jiiday, xumaantii uu sameeyay waa taas cirka lagu muujiyay si ay dadka ugu noqoto wax-ku-qaadasho (cibro)!

Haddaba Sanga Baxarka ku xusan meeriskan sare waxa ay dumarka Sitaadku ku asteeyeen dibiga arlooyinku dul saaran yihiin geesihiisa (mararka qaarna waxa ay yidhaahdaan gees keliya buu ku hayaa!) Waxa kale oo ay rumaysnaayeen maalinta dhulkan la rujinayo ee Qiyaamuhu dhacayo, in dibigu geeskii uu dhulka ku hayey uun ka hoos saarayo, dabadeed dhulku waa uu dayaamayaa oo waa la duubayaa. Dabadeed Sanga Baxarkii maalintaas baa la qalayaa – illeyn howshiisii wuu gutay e!

Dabadeedna waxa ay yidhaahdaan dumarkii Muuminaadka ahaa ee Xaawiyo-Faadumada garaacan jiray, ee Nebiga (NNKHA) xusi jiray waxa la siinayaa oo lagu abaalinayaa Sange Baxarkii la gawracay beerkiisa. Ha yeeshee kuwii kele (ee aan tuman jirin Sitaadka) inta lagaga shaqaysiiyo oo la yidhaahdo qala, oo ay ku howshoodaan, oo haddana la yidhaahdo qaybiya, ayaa haddana laga qadinayaa. Waana taas meesha ay abbaaraysaa durraamashadan ku dhex jirta meeriskan sare.

Waxa halkan innooga muuqan kara in suugaan diineedka Sitaadku koobsanayo (meelaha qaarkood) waxyaabo ku-tidhi-kuteen ah oo isugu jira dhaqan iyo diin. Ha yeeshee, kol haddii arrimaha jaadkan oo kale ahi ahaayeen qaar ammin aad u dheer lagu soo dhaqmayay, waxa ay dadku u heysan jireen in ay yihiin 'kutubiya' ama raad sugan ku leeyhiin kutubta. Haddaba kol haddii aqoonta diinta dadku u lahaayeen aad u koobnayd, dadkuna diinta jeclaayeen, wixii cusub ee loo keeno haddii loogu sheego 'waa kutubiya', toos ayay u qaadan jireen.

SITAADKA IYO DAREENKA CULIMADA

Si la mid ah shallaadka isugu jira Nebi-ammaanka iyo Qasiidooyin ay culimadii hore ku luuqayn jireen oo ay u kaalmaysan jireen korinta ruuxdooda, Sitaadka waxa laga dhex heli karaa hawraaro loo arki karo in ay xambaarsan yihiin lammaanayn (shirki), gaar ahaan Tawasulka oo u dhigan in Awliyada ama dadka Saalixiinta ah loo aqoonsado in ay mararka qaarkood jaranjaro u noqon karaan baryada Eebbe (SOK).

Ha yeeshee, sida aynnu meel hoose ku sheegi doonno, iyada oo ay jiraan odhaaho loo arki karo in ay xidhiidh la leeyihiin lammaanayn (shirki), waxa haddana jira in rumaynta ay Soomaalidu (rag iyo dumarba) ka rumaysnayd kelinimada Eebbe aan madmadow la gelin karin oo tusaalooyin cadcadi ka buuxaan noloshooda maalinlaha ah – haddii ay duco iyo dan kaleba ku fushanayaan.

Tusaalaha ugu habboon ee marag fur u ah rumayntooda badhaxa la' waxa aynnu ku soo qaadan karnaa meerisyadan hoose ee ay qaadaan dumarka Sitaadku:

Ilaahaan baahanee loo baahan yahayow
Aduun baa lagu baryaayaa Boqorka weynow.
Ilaahay baryadiisu waa tii aan belo lahaynee
Lagu badhaadhaayoo beledkoo dhan lagu degaayeey
Lagu bacwaadaa[67] oo beydi aada lagu helaa.

---

[67]Lagu bacwaadaa: lagu tanaada ama badhaadhaa

iyo

Allow mahadaale weligaa noo miciin
Masuubo ha keenin Eebbow maqaamkayaga
Madarka noo hoori aan miskiin wax siisanee.
Cidla' haddaad joogto aan cidina kuu dhowayn
Cindigaaga lama gesho beynoow[68] maxaad cuntaa
Ilaah sow ma lihin oo meel kuguma oga
Oo sow mar hore ma qorin quruskuu na siin lahaa.
Oo sow isagu mahayo ajashii ku dili lahayd.

Iyada oo ay meerisyadan sare muujinayaan in Eebbe keligiis yahay cidda loola eerto baryada, ayaa dhinaca kale tusaalooyinkan soo socdaa muujinayaan wax u dhigma burin iyo badhxidda 'yiqiintaas' adag. Tusaalahan baa ah mid ka mid ah kuwa Faadumo-Rasuul (Eebbe ha ka raalli noqdee) loogu sitaado:

Ummu Xasan ummu Xuseen Saadada hooyadood
Sahraay xuskaa waxaan u galay
Inaan miciinayoo muraadkii san kaa helaa!

Judh-dha horeba, akhristuhu ama qofka maqla meeriskan sare waxa uu u qaadanayaa in dhawaaqyadaas uu 'shirki' ku lammaan yahay. Ha yeeshee, isku-dhiska howraareed ee kor ku xusan oo kale waxa uu ka dhashay iyada oo ay Soomaalidu caan ku tahay isku toosinta erayada isku qaafiyadda ah si ay u soo baxaan tix ama hadal isu dheelli

---

[68] Beynoow: Wa 'banii-aadanoow' oo la soo gaabshay.

tiran, ka dibna ay fududaan karto in korka laga qaybo, si dhib yarna xasuusta loogu hayo, laguna sii gudbin karo (kol haddii aysan jiri jirin far-qoraal). Waxa intaas dheer, hadalka sidan oo kale isugu dheelli tirani waxa uu u macaan yahay dhegaysiga. Arrimahaas ama astaamaha tixdu leedahay ayaa guudahaan ka qayb qaata in nuxurka hadalku ku duxo dhegaystaha isla markaana saamayn/raadayn kaga tago, kuna dhaqaajiya wax qabad muuqan kara, la taaban karo ama la dareemi karo. Tusaale noolna waxa aynnu u soo qaadan karnaa geeraarkii Salaan Carrabay *ee 'Waar Toloow, Colka Jooja!'* iyo sidii uu u kala dareeriyay labadii col oo isu soo hub iyo rag urursaday si ay u dagaallamaan.

Muraadka sare ee laga leeyahay tixda ayaa mararka qaarkood keentay in ay Soomaalidu isla doontaan erayo ama odhaahyo isku-dhiskoodu isu dheelli-tiran yahay, balse qofka ku dheggan ulajeeddada dul-xaadiska ah (ama qofka xaraf-ku-dhegga ah) ay ula muuqan karto inaan is-maan-dhaaf ka madhnayn tixdaas.

Dhinaca kale, waxa aynnu soo qaadan karnaa tusaalooyin kale oo si la mid ah kan sare u muuqda in laga dhex arki karo 'shirki' ama in Eebbe (SOK) cid kale lagu lammaaneeyo, waxana ka mid ah kuwan soo socda:

b)   Roob doon marka la samaynayo, waxa caruurta yaryar ee qalin qoyanta[69] ah madax loo saari jiray loox-

---

[69] Qalin-qoyan: Waxa loo yiqiinnay caruurta/dhallinyarada dhigata Qur'aanka, kuwaas oo la odhon jiray lama dhibaateeyo,

Qur'aanka, markaasbey iyaga oo cagaagan socod ku mari jireen degsiimada ay joogaan iyaga oo ku dhawaaqaya:

Allow roobeey,
Allow raxmadeey,
Suuradii Al-Baqraay,
Alifow noo gargaar,
Cirka roob naga sii,
dhulka doog naga sii
Shub shub shub, shalalax

Qofka xarafka ku dheggani marka uu maqlo isku-dhiskan sare, waxa uu u qaadanayaa in Suuradda 'Al-baqra' iyo xarafka 'alif' ay roobka u keenayaan. Ha yeeshee ulajeeddo hoose ayaa ku jirta – taas oo ah in ay dadku leeyihiin "Eebboow, noogu gargaar barakada Qur'aanka, oo noogu shub raxmaddaada."

t) Sida uu Leo Reinisch ku qoray buuggiisii *Die Somali Sprache* ee soo baxay gu'gii 1900, dhaarta ay ku dhaaran

---

maxaa yeelay (sida ku xusan sheeko dhaqameed) cawridooduna waa ay kacdaa ama waa la arkaa. Dugsiyadii hore, ee carruurta looxa wax loogu dhigi jiray, khadka wax lagu qoro/dhigo waxa laga samayn jiray dhuxul la budliyay/burburiyay biyana lagu milay; si khadku rib u noqdo (loo adkeeyo oo aanu si dhib yar u maydhin) waxa lagu laaqi/walaaqi jiray malmal. Haddaba si loo garto in inanka yari yahay arday, isla markaana ay bulshada uu ka mid yahay u siiso tix gelin, colka duullaanka ahina aanu birta ka aslin (kol haddii aan xilliyada qaarkood xitaa la dhaafi jirin uur-jiifka oo ay dhici jireen waxa loo yaqaanno 'ummulo-doox'), waxa ardayga cankiisa lagaga sunti jiray khadka – kaas oo u dhigin liid ama jeexdin ku dhereran canka siiba dhegta ilaa afka.

jireen ragga Soomaalidu, waxa ka mid ahaa: *"Wallaahi iyo billaahi iyo tallaahi"* ama *"Wallaahi iyo weysada"* ama *"Wallaahi iyo Masjidka"* ama *"Wallaahi iyo Kitaabka"* ama *"Wallaahi iyo Tusbaxa"* ama *"xilahay furan, inaanan xaajada been ka sheegayn".*[70] Sidoo kale, waxa uu qoray in qofka dumar ah ee Soomaaliyeed haddii ay fool qaaddo, waxa ay odhon jirtay: *Alla! Xaawa iyo Faadumooy soo ciidansha!*[71] Qodobkan dambe waxa loo qaadan karaa in Xaawa iyo Faadumo-Rasuul ay wax ka tari karaan in si badbaado leh ay ku ummushu gabadh-dhu.

J) Neefka loogu talo galay Alle bariga marka la rabo in la gowraco, waxa loo jeediyaa dhinaca jihada (qiblada), marka bisinka loo qabto ee la bireeyo (gowraco) ee neefku carcarta nafta awgeed laga yaabo in uu isla kaco ama oogsado, waxa qofka gowracayaa ku tiraabi jiray: *Midigta u dhac oo musiibo dabbaal.*

Sida dhaqanka Islaamka ku soo arooray, midigaysigu waa wax la soo dhoweysto, markaa in neefku u dhaco midigta waxa ay xoolo dhaqatada Soomaaliyeed u ahayd arrin la jeclaysto, loona arko wanaag. Sidoo kale, wax-dhiibashada

---

[70] Leo Reinisch, Die Somali Sprache, 1900

[71] Leo Reinisch, Die Somali Sprache, 1900   p.256. Qoraaga buuggani waxa uu isagu u dhigay "Allah, Xaawa iyo Faadumooy soo ciidansha". Ha yeeshee, waxa ay u muuqataa in uu dhawaaqii erayga "Alla! Oo u taagan 'dheg taagid' (exclamation) ay isaga ula ekoonaatay "Allah" ama "Ilaah/Eebbe", waxa se erayga "Alla!" ama "Aal!" uu tilmaan u yahay dhugmo samayn – taas oo qofka dhahayaa uu ka rabo cidda dhegaysanaysa in hadalkiisa ama dareenkiisa loo fiiro yeesho.

iyo huridda hilbaha neefka la gowracay waxa ay baydhiyaan belaayooyinka. Sidaas ayay Soomaalidu isugu beegeen labadaas eray (midigta iyo musiibo) iyaga oo adeegsanaya qaafiyadda xarafka 'm'. Sidaas daraaddeed, odhaahda "Midigta u dhac oo musiibo dabbaal" waxa dadka qaar u qaadan karaan in falka gowracu kelidiis yahay cidda/waxa leh awoodda baydhin karta belaayo (ka sokow Eebbe –SOK).

x) Meel kor ah waxa aynnu wax ka soo xusnay meerisyada Sitaadka lagu furfurto in uu ka mid yahay qabsashada Bisinka:

Bisin Allow baraka qabe beloo dhan naga xijaab
Naga xejoo naga xejoo na xaafid yeel.

Tusaaleyaashan kor ku xusan badankooda waxa innooga dhex iftiimi kara, sida aynnu hore u soo xusnay, in qaafiyadda erayada iyo isu-dheelli-tirnaantoodu (miisaankoodu) ahaa ka keenay in erayada jaadkaas oo kale la is barkiyo. Tusaaleyaasha jaadkaas oo kale ahi Af Soomaaliga waa ku badan yihiin, sida: Weligay iyo Waaqay, Wadaad iyo Waranle, Kud iyo Ka-bax, Nuur iyo Naalleeye, Belo iyo Baas iwm. Ha yeeshee Soomaalidu waxa aanay ku kala baydhin in Eebbe oo keliya uu yahay cidda la baryaa, belaayo laga magan galo, lana kaashado.

Magacyada Eebbe (SOK) ee Af Soomaaliga ah waxa wax ka sheegay Yusuf Maygaag Samatar (EHUN) waxana ay ku xusan yihiin buugga *Saints and Somalis* ee uu qoray I. M. Lewis. Waxa magacyadaas ka mid ah Baahilaawe, Bogsiiye,

Badhaadhse, Dile, Guulle, Galladaale, Hagaaje (Hagaajiye), Hanuunshe, Hidiye, Hodmiye, Jire, Kaaalmeeye, Koobe, Korreeye, Ma-dhinte, Mahadaale, Nooleeye, Roone, Sarreeye, Ururshe, Waare, iyo Wayne.[72] Tilmaamaha kale ee kuwan la jaad ah waxa ka mid ah Tusmeeye iyo Tiirshe.

Tilmaamaha ay magacyadani xambaarsan yihiin ee ay Soomaalidu ku tilmaanto Eebbe (SOK) waxa ay muujinayaan ama markhaati ka yihiin kelinimada ay Eebbe u gaar yeelaan iyo in aanay tilmaamahaas cid kale la wadaajin.

Iyada oo ay sidaas tahay, haddana waxa aan qiri lahaa in aqoonta diineed ee ku yarayd dumarka awgeed, iyo diin-jacaylkooda darteed, in hadallada qaarkood ee ku jira meerisyada Sitaadka toos loola xidhiidhin karo Shirki – kuwaas oo lagu sixi karo aqoon.

---

[72] Lewis, I. M., *Saints and Somalis,* (1998), Bogga 133-135, The Red Sea Press, Inc.

RAADAYNTA DHAQDHAQAAQYADA ISLAAMIGA AHI KU YEESHEEN FIKIRKA SUUFIGA

Waxa hubaal ah in uu jiro hoos-u-dhac isa-soo taraya (soo xoogaysanaya) oo ku yimid fikirka Suufiga ee soo taxnaa ammin aad u dheer. Hoos-u-dhacaasi waxa ugu weyn ee loo tiirin/tirin karo waxa uu yahay dhaqdhaqaaqa fikir ee ku caan baxay Wahaabiga ee ka soo fufay dalka Sucuudi Carabiya. Dhaqdhaqaaqa Wahaabiga ahi waxa uu ka soo jeedaa Sheekh Muxamad ibn Cabd-al-Wahhaab (1703-1792) oo sameeyay isku-dey ah in uu Islaamka boodhka ka jafo. Fikirkaas waxa sal dhig u ahaa qoraal uu dejiyay sheekhu oo la yidhaahdo *"kitaab-a-Tawxiid"* oo ka warramaya in cibaadada Eebbe (SOK) uun loo keli yeelo. Magacyada kale ee loogu yeedhaa waxa ay yihiin *'Muwaxadiin'* iyo *'Salafiyiin'*. Meelaha uu xoogga saaray wadaadkaasi, isla markaana uu ka waanin jiray bulshada reer Najd ee ka tirsan carriga maanta loo yaqaanno Sucuudiga waxa ka mid ahaa siyaarooyinka iyo booqashada xabaalaha culimo hore iyada oo looga jeedo in laga ducaysto, iyo dhirta, godad iyo dhagaxaanta qaar oo la weynayn jiray isla markaana lala xidhiidhin jiray barako, iyo weliba gowraca iyo nidarrada aan bannaanayn shareeco ahaan.

Dhaqanka weynaynta dhirta mid la jaad ah ayaa ka jiri jiray carriga Soomaaliyeed taas oo dadku si la mid ah tusaalaha ka jiray Jasiiradda Carabta la xidhiidhin jireen barako. Dhirtaas waxa ka mid ah geedka Mukayga oo ay rumaysnaayeen

Soomaalidu in rooxaanta Ayaana korkiisa ku soo degto. Dhirta kale ee caanka ka ah carriga Soomaaliyeed ee loo socdaali jiray isla markaana socotada iyo reeruhuba ku xidhan jireen ama ka laalaadsan jireen calal ama jeexjeexyo maryo ah waxa ka mid ah geed Daray ah (*Ficus sycamore L.*) oo ku yaalla dooxada Xaliimaale ee Gobolka Awdal. Kuwo kale oo la mid ahi waxa ay ahaayeen dhir meelo gaar ah ku yiillay sida Hareeri Calaan (*Terminalia polycarpa*) oo ku yiillay dhulka kililka Shaanaad, iyo geed ku caan baxay Galool Qalinle oo ku yiillay meel magaalada Cadaadlay koonfur kaga beegan.[73] Si taas la mid ah ayaa ka-barakaysigi dhagaxaanta qaarkood, iyada oo lagu sheegi jiray in ay 'amran yihiin', isla markaana noqdeen kuwo meelo durugsan looga soo socdaali jiray. Waxa tusaale innoogu filan afar dhagax oo la isugu xidhay qaab isku-tallaab ah oo oolli jiray xarunta Aw Barkhadle oo ragga ma-dhalayska ahi saari jireen xubintooda taranka, oo looga jeedo in lagu furdaamiyo ma-dhalaysnimada.[74]

Haddaba in ka badan hal qarni iyo badh ayaa fikirka Salafiga ahi ku koobnaa qaybo ka mid carriga Sucuudiga, ha yeeshee kor u kacii dhaqaale iyo badhaadhihii ka dhashay helitaanka saliidda qeedhin ee carriga Sucuudiga ayaa baalal u noqday fikirkii Salafiga ahaa. Waxana uu fikirkaasi ku dhex faafay bulsho kasta oo Muslin ah. Weliba waxa uu sii yeeshay kala-

---

[73] Faahfaahin intaas ka badan oo ku saabsan dhirta iyo Alla-bariga waxa aad ugu tegi doontaa buuggayga kale ee Dirkii Sacmaallada (2012)
[74] I. M. Lewis, Saints and Somalis, bogga 96

dhambalan tiro badan oo leh kala duwanaansho fikir iyo qaabka ay hiigsigooda ku gaadhayaan.

Waxaa jirta in dhaqdhaqaaqyada Islaamiga ah ee gadaal ka soo if baxay ku yeesheen saamayn ballaadhan xusaska Alle bariga iyo Nebi ammaanka. Ha yeeshee arrinkan oo weli dumarka intooda badan aad ugu adag yihiin baa ka yeelsiiyay in ay ku dadaalaan joogtaynta xuskaas. Dhinaca koonfureed, xilliyadii ay saamaynta dhaqdhaqaayada Islaamiga ahi ugu badnaayeen (2006-2012) ayaa dumarkaasi xuskooda ku maarayn jireen si qarsoodi ah, sida ay sheegtay gabadh magaceeda ku soo koobtay "Khaliifo weyn" oo ka gaabsatay in ay sheegto magaceeda oo dhammays tirin. Tanina waxa ay muujinaysa cabsida ay u ban dhigan yihiin cidda dhigata Abbaay Abbaayda iyo weliba takkoorka kaga iman kara bulshada inteeda badan oo aan soo dhoweysan xusaska jaadkan oo kale ah, isla markaana dumarkan qabsada Abbaay Abbaayda ku tilmaama in ay yihiin "Bidcooley."

Sida ay qabto "Khaliifo", timaaddada (mustaqbalka) Abbaay Abbaayda waxa uu u muuqdaa mid mugdi sii galayo. Waxa ay tidhi: *"Waxaad arkaysaa khaliifooyin in badan ku dhex jiray Abbaay Abbaayda weyneynteeda oo maanta ku dhahaya waa "Bidco" iyo Alle-ka-furasho*[75]). Waxa ay se ku nuuxnuuxsatay khaliifo in ay rumaysan tahay inaan laga tagin xuska iyo amaanta Abbaay Faadumo Binti Rasuul, isla markaana ay

---

[75] Alle-ka-furasho: Waxa ay la mid tahay "xidhiidhkii Eebbe oo la gooyay" ama wax lagu 'gaaloobo'.

sii wadi doonaan, soona nuurin doonaan – iyada iyo khaliifooyin kaleba.

IS-DHALAN-ROGGA SITAADKA

Waxa ay u muuqataa in Sitaadkii badhaxa la'aa weli dhulka miyiga ah ku xooggan yahay oo weliba ku sugan yahay sidii uu ahaan jiray 50 gu' iyo in ka badanba. Waxa arrintan loo tirin karaa iyada oo uu weli yar yahay raadayntii dhaqdhaqaaqyada cusub ee Islaamiga ahi ku yeesheen dhulka ka baxsan magaalooyinka. Ha yeeshee, doorsoonka ugu weyni waxa uu ka muuqdaa dhinaca magaalooyinka. Waxa ku socda cusboonaysiin iyo casriyayn. Tusaale ahaan, halkii fadh-dhiga ay dumarku ku tumi jireen Sitaadka, waxa dhacda in mararka qaarkood lagu tumo sara joogga iyada oo lagu ladho ciyaar ay dumarka Sitaadayaa ka wada qayb qaataan. Waxa sidoo kale dhacda in laga tumo aroosyada iyada oo looga jeedo in loogu duceeyo lammaanaha yagleelaya qoys cusub. Dumarka carri fog u socdaalaya (sida qurbaha oo kale) waxa iyana loo sameeyaa Sitaad si loogu sii duceeyo; sidoo kalena kuwa ammin dheer dalka ka maqnaana waxa looga dhigaa soo dhaweyn. Waxa xitaa mararka qaarkood dhacday in ururrada bulsho (NGO-yada) ee ay dumarku abaabulaan in dhalashadooda lagu xoojiyo ducada Sitaadka – taas oo looga jeedo (ka sokow xeerka isu haya dumarka ama heshiiska ay galeen) in uu noqdo mid lagu meeriyay Alle-ka-cabsi iyo hor-Alle-u-jeednimo (daacadnimo) si ururkoodu uga badbaado is-maan-dhaaf (khilaaf) ragaadiya horumarkiisa.

Kooxo ka jira dalka Jabuuti ayaa la odhon karaa in ay horumarka ugu weyn ee dhinaca casriyeynta ku sameeyeen Sitaadka. Halkii Sitaadka lagu ogaan jiray dumar da'da hore ugu maray ama islaamo ah, qaar ka mid ah kooxaha ugu caansani waxa ay ka kooban yihiin dumar da'doodu u dhexayso 20-30 jir. Sarajoogga ayaa ay ku sitaadaan, waxana ay adeegsadaan muusig lagu tumayo qalab casri ah. Ha yeeshee inta badan dhawaaqyada ka soo baxa waxa ay yihiin Nebi Ammaan, baryada Eebbe (SOK) iyo Alle-ka-cabsi, si la mid ah sida ay yeelaan dhiggooda ragga ahi ee iyana ka jira dalkaas. Kooxahani waxa ay aad u soo jiiteen da' kasta oo bulshada ka mid ah siiba dhallinyarada. Dhaqdhaqaaqa jaadkan oo kale ah ee Jabuuti ka soo fufaya waxa la barbar dhigi karaa kooxo ka jira dalalka Islaamka ah ee uu Faransiisku gumaysan jiray sida Maldives oo kale.

Dhaqdhaqaaqa Nebi ammaanka iyo Sitaad ee ka jira Jabuuuti oo kaalin hormoodnimo kaga jira soo noolaynta ama fufka suugaanta diiniga ah waxa suurto geliyay debecsanaanta fikir ee dhaqdhaqaaqa Islaamiga ah ee ka jira dalkaas. Arrinkan waxa loo arki karaa in sunsunkii fikir iyo isku xidhnaantii facyowgii hore iyo culimadoodi iyo dhinaca kale facyowga dambe aysan jirin waxa kala geeya ama collaytan la mid ah saansaanka ka jira meelo badan oo carriga Soomaaliyeed ah.

Kol haddii Sitaadku yahay madal ay dumarku kaga muquurtaan ama kaga xuub siibtaan culayska maalinle ee nolosha, iyaga oo adeegsanaya ruuxaaniyad, ma dhacdo in lagaga hadlo waxyaalihii ay bannaanka ama guryahooda kaga yimaaddeen. Ha yeeshee, waxa dhacday in meelaha qaarkood xilliyada qaarkood loo arkay in isu-imaatinkooda, is-kaalmayntooda iyo dhaqaale ururintoodu uu u dhigan yahay sidii urur samafal oo aan diiwaan gashanayn, taasoo mararka qaarkoodna maamullo ama cidayow kale ku eedeeyaan in ay faraha kula jiraan falliimooyin (falaadyo) ka dhan ah siyaasadda degaankaas. Taasi waxa ay keentay in dumarka Sitaadku howlahooda ku wadaan qaab uu ku gedaaman yahay qarsoodinimo.

SITAADKA IYO TIMAADDADA

Intii ay soo baxeen dhaqdhaqaaqyada cusub ee Islaamiga ahi, waxa muuqata in hoos u dhac ku yimid meeqaamkii uu Sitaadku bulshada dumarka dhexdooda ku lahaa. Ha yeeshee, waxa jirta in uusan si la mid ah ugu saamasymin sida xadradii/dikriga iyo nebi-ammaanka (sida Mawliidka) ay badiba raggu sameeyaan ugu raadaysmeen. Arrinkanna waxa loo tiirin karaa iyada oo culimada dambe ay diiradda saaraan sidii rumaynta (caqiidada) dadka looga jeebi (jari/saafi) lahaa dhaqanka Sitaadka iyo waxa uu xambaarsan yahay, waxana ay culimadaasi mararka qaarkood doodo adag la beegsadeen culimada Suufiyada ee ragga ah. Dhinaca kalena, dumarka beryahan dambe diinta bartay iyana si toos ah uma ay abbaarin dumarka Sitaadka, laga yaabee iyaga oo ka cabsi qabay in aysan waxba ka dhegaysanaynin kol haddii ay yihiin dumar iyaga la mid ah.

Arrinta kale ee keeni karta in Sitaadku kaalintiisa sii xejisto (ama aanu tirtirmin) waxa ay tahay in uu Sitaadku – horrayso iyo dambaysoba – yahay madal ay dumarku ku cabbiri karaan dareenkooda diineed iyaga oo iyagu isu sheekhado ah wax-sheeg iyo waanona iska dhegaysta, isla markaana ay iyagu tasfiirkooda ka bixin karaan nusuusta diiniga ah. Fikirka jaadkan ah marka lagu ladho dhaqdhaqaaqii ay dumar reer Gabiley ahi oo Sitaadka laasimi jiray ay ku dhisteen xaruntoodii iyo weliba Masaajid u gaar ah badhtamihii 1960-aadkii, waxa uu inna xasuusin karaa doorkii firfircoonaa ee ay dumarku ku lahaayeen aqoonta iyo fidinta diinta Islaamka waayadii (xilliyadii) hore ee Islaamku bilowga ahaa. Taasina waxa ay ka fog tahay waayaha maanta jira iyo gooddiga ay xilliyadan dambe dumarka muslimiintu kaga sugan yihiin aqoontaas iyo weliba in ay u daba fadhiistaan sheekhyada ragga ah uun.

Waa run jirta in la arko xilliyadan dambe dumar badan oo ku xeel dheeraaday barashada diinta Islaamka, heer jaamicadeedna ka gaadhay, haddana aan kalsooni ku qabin in wax laga dhegaysto, bal se dhici karta in lagaga kalsoonaado wax-sheegga wiil afar iyo toban jir ah oo dhowr kitaab marsaday ama loo mariyay.

Arrimahani waxa ay inna xasuusin karaan kaalintii wax ku oolka ahayd ee ay dumarkii hore Islaamku kaga jireen barashada iyo gudbinta diinta Islaamka iyo culuunta kale ee ku lammaanayd, siiba xilliyadii Khilaafadii hore iyo xilliyadii diiwaan gelinta Axaadiista. Dumarkaas hore ee ku xeel dheeraa aqoonta diinta Islaamka iskuma ay koobi jirin keliya in ay nafahooda uun ugu faa'iideeyaan aqoonta ay barteen, ama ay cid gaar ah wax ugu dhigaan, ha yeeshee waxa ay ka howl geli jireen barbarka ragga Muslimiinta, ardaydooduna kuma ay koobnaan jirin dumar oo keliya. Tusaalooyinka dumarkaas hore waa ay badan yihiin, waxa se aynnu soo qaadan karnaa Shiikhad la odhon jiray Saynab bint Kamaal, oo fadh-dhigeedu ahaa Dimishaq xilligii qarnigii 12^{aad}. Kutubteedu tiro badnaan inta ay ka qabeen waxa lagu rari jiray awr (ratiyo), waxana ay soo jiidan jirtay tiro badan oo arday ah (dumar iyo ragba), dumarnimadeeduna ma ay noqonin cubbo dhowr ka joojiya in ay gudbiso aqoonteeda qotada dheer. Dumarkaas culimada ahaa sidoo kale waxa ay wax-ku-darsi wax ku ool ah ku lahaayeen culuunta kale ee ay ka mid yihiin caqiidada, mandaqa, falsafadda iyo farshaxanka farta Carabiga ah.[76]

Haddaba waxa aynnu dhihi karnaa in Sitaadku u taagan yahay is-dareen gelinta iyo codka diineed ee dumarka oo u baahan in uu helo minbar iyo dhegaysteyaal. Marka ay ugu yar tahay, haddii aanay xitaa gaadhi karin heerkaas hore ee weedh-dhooda iyo wax-sheeggooda raggu dhegahooda u raaricin jireen, waxa ay wax-sheeggooda ku dhex baahin karaan dhexdooda.

Ayaan darrada se jirtaa waxa ay tahay in inan-rag maankiisa si fudud looga dhaadhicin karin in dumarku kaalintaas buuxin karaan. Maxaa yeelay, waxa la naqshadeeyay muuqaal taban oo ay sal u tahay sheekadii 'Muuniso" ee aynnu ku soo sheegnay bilowga buuggan iyo in feedh qalloocan laga abuuray oo wax Alle wixii ay faraha u qaadaanba weecsan yahay.

Sidaas daraaddeed, Sitaadku isaga oo ahaa agab ay dumarku u adeegsan jireen xoojinta ruuxdooda, is-cabbiraaddooda ka madaxa bannaan ragga iyo arrimo samafal, ma jirto maanta xilli ay uga baahi badan yihiin iyada oo ay sii kordheen saansaanka cidhiidhyoow, walbahaar iyo saboolnimo ee ay dumarku sida gaarka ah ugu nugul yihiin.

---

[76]*The Lost Female Scholars of Islam*, (Mehrunisha Sueliman iyo Afeef Rajbee).

GEBOGEBO

Sitaadku/Xaawa-iyo-Faadumo iyo Abbaay Abbaay oo intuba isku ulajeeddo yihiin, waxa uu ahaa isla markaana weli meelo badan ka yahay kulan xaawaleey/dumar oo ay ku muujiyaan, iyaga oo iskood u madax bannaan, dareenkooda diineed. Waxa uu ammin aad u fog u ahaa madal ay ruuxdooda ku koriyaan iyo mederesad ay ka helaan aqoon diineed – haba koobnaato ama ha ku jiraan mararka qaarkood xogo aan sugnayn oo sal adag diinta ku lahayn. Ha yeeshee, gol dalooladaasi waxa ay leedahay garowshiiyaheeda. Maxaa yeelay, iyada oo markeeda horeba uu yaraa fakaag (fursad) ay raggu laf ahaantoodu ku helaan wax barasho diineed, dumarkuna waa ka sii xag jireen. Inta yar ee ay barteenna waxa ay ku heleen bowsi. Sidaas oo ay tahay, haddana waxa ay door bideen ugu yaraan inaysan luminin ahaanshiyahoodii Islaamnimo, dantuna ay ka maarsiin weyday in ay hab-dhaqankaas sarka-xaadiska ah ee ku dhaqmaatinka Islaamka ay ugu arooraan darka Sitaadka.

Sitaadku waxa uu ahaa/welina yahay madal ay dumarku isku tabantaabiyaan, isku taakuleeyaan, ku nafisaan, ugu laab qaboojiyaan kuwa iyaga ka midka ah ee ay haleeshay ama la deristay ayaan-darro, uguna gargaaraan kuwooda buka iyo kuwa saboolka ah. Waxa ay isku faraan iskuna waaniyaan wanaagga, waxana ay iskaga digaan xumaanta.

Sitaadku waxa uu ka soo jeedaa dhaqan fac weyn oo Soomaaliyeed. Sida ay bulshoweynta adduunyadu u kaydsato dhaqannadooda kala duwan, waxa si la mid ah habboon in aan la wadeecaynin Sitaadka. Waxa uu u baahan yahay in wax laga qoro, lana kaydiyo suugaan-diineedkan dumarka u gaarka ah ee aan helin cid xaalaysa – marka la barbar dhigo dhiggeeda raggu curiyo.

Waxa aan ku yididiilo qabaa in cilmi baadhistani qayb ka qaadato in Sitaadka indho cusub lagu eego, isla markaana qoraalkani ku dhiirri gelin doono baadheyaal kale (siiba dumar) in ay wax ka qoraan. Waxa ugu horreeya ee loo baahan yahayna waxa weeyey ururinta meerisyada tiradooda aan la koobi karin ee ku filiqsan degaannada kala duwan ee Soomaalidu degto.

In Sitaadku ku lumo bogagga sooyaalka, si la mid ah qaybo kale oo ka mid ah dhaqanka Soomaaliyeed, waxa la hallaabi doona eray bixin tiro badan iyo aqoon hadhaadi ah oo ammin dheer la isu soo dhiibdhiibi jiray. Bulshada dhaqankeedu sidaas oo kale u rifmo waxa ay dhaxalsiisaa in aysan yeelan doonin wax badan oo ay tagtadoodii ugu laabtaan, timaaddadoodana ku hagaan ama ku bidhaansadaan.

Sooyaalka, hadhaaga aqooneed iyo dhaqanka ay bulsho isu tiriso ama sheegato, waa midka iyaga ka gaar yeela bulshooyin kale, gun dhigna u noqda astaynta ahaanshiiyaheeda. Dhaqanka, hiddaha,

afka iyo maan-kaashiga (fikirka) bulsho waxa ay
wadar-ahaantood ahaanayaan wax qaayo leh oo
bulshada iska leh u ah baadi-sooc. Kala-
duwanaanshaha bulshooyinka ayaana ka qayb
qaata hodminta dhaqan ee bulsho-weynta
adduunka.

LIFAAQ

Sitaad kala Duwan

1. Hoda

Waxa uu meeriskani ku saabsan yahay qaayo darraanta ifka
(adduunyada) marka la barbar dhigo Aakhiro iyo sida loogu
baahan yahay in lagu dadaalo in hoyga Aakhiro loo sii sahay
samaysto:

Hoda hodaay, hodaay, kolba nin bey hoddaa, hogob cid la'
dhigtaa,
Hoojisaa, hoojisaa, hogob cid la' dhigtaa,
Hoda hodaay, hodaay, kolba nin bey hodda, hogob[77] cid la'
dhigtaa.

2. Weysada inno keen

Aakhiro walaal iyo, wayiig[78] laguma haysto e;
Aqalladatan waaweyn, la waldaafin maayo e;
Xeryahakan waaweyn, la waageeri maayo e;
Weysada inno keen, aan ku waalaloownee!

3. Xubbiga Nebiga (NNKHA)

---

[77] Hogob = God qodan oo hoos u dheer.
[78] Wayiig = Wax kuu naxa ama kuu xubeera.

Nebiyoow xubbigaagiyo, Nebiyoow xubbigaaiyo,
Xadradaaduba so xaq waajib ah maaha;
Soontiyoo salaaduna, soontiyoo salaaduna,
Sow wax la is-faray maaha;
Nebiyoow xubbigaagiyo, Nebiyoow xubbigaaiyo,
Xadradaaduba so xaq waajib ah maaha;
Sakaraadkiyo mawdkuna, sakaraadkiyo mawdkuna,
Sow wax la is-faray maaha;
Nebiyoow xubbigaagiyo, Nebiyoow xubbigaaiyo,
Xadradaaduba so xaq waajib ah maaha
Sow waxaan la helaynin, sow waxaan la helaynin,
Howl yareey nafta maaha;
Nebiyoow xubbigaagiyo, Nebiyoow xubbigaaiyo,
Xadradaaduba so xaq waajib ah maaha
Sow waxaan la huraynin, sow waxaan la huraynin,
Hoyga Aaakhiro maaha.

4. Aboorkoo adhiga le'eg

Allahayoow, Allahayoow Qabriga labadiisa dhaban weysu
dhow yihiin;
Allahayoow kala dhufooy, Allahayoow kala dhufooy
Maalintaan dhex galo;
Alla Xabaaleey xaalufeey, illeyn xanjona ma taal;
Quudna qorow yar oo looma qaadan karo;
Aboorkoo Adhiga le'eg Aakhiruu jiraa;
Abeeso awr gaal[79] ka weyn, Aakhiray jirtaa;

---

[79] Awr gaal = Baar qab. "Awr gaal hadduu geela cuno, geed-ku-xidhis baa leh"

Alla allaay, alla allaay, wax soo dhiibtaay, haddaydaan
dhego adkayn,
Alla hayaan baa soo baxaayo, hayaan baa soo baxaayo,
Waxaa lagu geeddi yahay, waxaa lagu geeddi yahay ee
Meel aan la huraynin baa lagu geynayaa ee.

5. Sitida

Halkay sadar sadar u joogaane e loo sallaxay;
Halkay Faadumo fadhido hoosada weyn leh;
Ayaynu la fadhiisan doonaaye faraxa wada;
Rubaanka[80] halkuu ku yaal rubaadda[81] loo cunaa;
Ayaynu la fadhiisan doonaaye faraxa wada.

6. Qaboobow Nuur i qaad

Meher ma rabo, maal ma rabo;
Iyo mulkiga adduun;
Madax-shubkaygaa rabaa;[82]
Madax-shubkaygaan rabaa;
Qabooboow Nuur i qaad.

7. Udgooneey ina Rasuuleey

---

[80] Rubaanka = Waxa loola jeedaa midhaaha rumaanka.
[81] Rubaadda = Nafta
[82] Madax-shub = Xilliga qofta dumarka ah ee uurka leh loo
samaynayo taraaraysiga, ee cuntada cuniddeeda la dhammeeyo,
ayaa subag uunsi la budliyay lagu qasay madaxa loogu subka.
Meeriyada dumarka Sitaadku qaadaan xilliga Madax-shubka
waxa ka mid ah:
Minaay Xaawa middii i tidhibaan, Macsharka muujiyaa;
Alla Madax-shubka tii bixisaybaan, Macsharka muujiyaa.

Sitay Faadumo Rasuuleey, Sitay Faadumo Rasuulay;
Sitay Faadumo Rasuuleey, masaalkaagi la waayo;
La waayo la heli waayee;
Udgooneey ina Rasuuleey, udgooneey ina Rasuuleey,
Udgooneey ina Rasuuleey, furaha[83] inantii la siiyay,
Farax la geliyaay;
Udgooneey ina Rasuuleey, udgooneey ina Rasuuleey,
Udgooneey ina Rasuuleey, adaa Xasan iyo Xuseen labadaba
xambaaree.

8. Sayida Faadumo Rasuuleey

Sayido faadumo Rasuuleey, silsiladdaada noo qaad;
Sayida Faadumo Rasuuleey, samoow aabbe na hor gee;
Siraadkaaga na hor qaad, Sayida Faadumo Rasuuleey;
Sidaad tahay ba naga yeel, Sayida Faadumo Rasuuleey;
Sabiibtaada na cunsii, Sayida Faadumo Rasuuleey;
Sidaad tahay ba naga yeel, Sayida Faadumo Rasuuleey;
Sariirtaada noo gogol, Sayida Faadumo Rasuuleey;
Samow Maxammed na hor gee, Sayida Faadumo Rasuuleey;
Sallaankaaga na korsii, Sayida Faadumo Rasuuleey;
Xariirtaada na huwi, Sayida Faadumo Rasuuleey.

9. Nuur soo kaahaya

O Nuurka soo kaahayiyo, alla nuurka soo kaahayiyo,
Udugga soo kamkamay;[84]

---

[83] Furaha: Halkan waxa looga jeedaa furaha Jannada.
[84] Kamkam = udgoon badan

Waa nuurka Nebi Maxammed, aan nuqsaan lahayn;
O Nuur dabeed waa damaa, Dayaxna waa dhacaa;
Neboohow nuur kaama damo, Neboohow nuur kaama damo,
Mana dinniikhi[85] karo;

10. Sidii dayax dal ifiyoow

Halkuu cagta saaray Nebi, alla halkuu cagta saaray Nebi
Ceeshka laga heloow;
Casaaha[86] halkuu mariyay Nebi, alla casaaha halkuu mariyay,
Ceeshka laga helow;
Halkuu ku dardaarmay Nebi, alla halkuu ku dardaarmay Nebi,
Diinta laga heloow;
Halkuu ku sujuuday Nebi, alla halkuu ku sujuuday Nebi,
Samsamka laga heloow;
Sidiihi dayax dal ifiyow, sidiihi dayax dal ifiyoow,
Maxammed daahiroow;
Duhur hortaa lama tukano, duhur hortaa lama tukano,
dallo[87] hortaa ma jirin;
Cishe hortaa lama tukano, cishe hortaa lama tukano,
Caqli hortaa ma jirin;

---

[85] Dinniikhi karo = mana dhinmi karo. Dayiq (Eray Carabi ah oo micnihiisu yahay cidhiidhi).
[86] Casaaha = Waxa loola jeedaa 'casaa wa jalla' oo ah weynayn Eebbe.
[87] Dallo = Caddayn kaa badbaadisa gabbood-fal (dembi) lagugu qaadi lahaa.

Subax hortaa lama tukano, subax hortaa lama tukano,
Samir hortaa ma jirin;
Sako hortaa lama bixino, sako hortaa lama bixino,
Samir hortaa ma jirin;
Sidiihi dayax dal ifiyoow, sidiihi dayax dal ifiyoow,
Maxammed daacadow.

11. Faataxoow

Oo Faataxooy fanniyo badan Qur'aanka fooladiisa[88],
Faataxadu fudayd kaaga ma tagtee wey ku faaxisaa
Faataxo mooge, furasho[89] ma leh foolka Eebbahay.
Faataxo oogaa, furasho leh foolka Eebbahay.
Oo faataxaan qudhqudhshayoo qiyaamaha ka yaabi maayo[90]
Oo faataxooy fanniyo badan Quraanka fooladdiisa
Kuma hallaysee nafteennay halabsataa;[91]
Oo waa ku qaaddaayoo, qol furaashlay kula gashaa;
Adiga oo daallan bay darajo kula gashaa;
Oo foolka Nebi Maxammed ku fadhiisisaa
Jannada loo faalalshaa[92], Jannada loo faalashaa, faraha loo gashaa.
Rabbigayoow naguu hageey, Rabiigayoow nagu hageey, oo filkood naga yeel.[93]

---

[88] Fool = Weji. Sida 'fool dhaq' oo loo lala jeedo 'weji maydh'.
[89] Furasho = gargaar (furasho ma helo = gargaar ma helo)
[90] Yaabi maayo = Cabsan maayo ama kama werwerayo.
[91] Halabsi = Wax kaa cararaya oo aad tiigsi ku qabato si aad u badbaadiso.
[92] Faalalsha = fidiyaa
[93] Filkood naga yeel = Naga dhig kuwii u qalma ama gaya.

12. Qul-hu-Walle

Oo qul-hu-walloow qowl Alloow Quraanka fooladiisa;
Oo qul-hu-walloow qowl Alloow Quraanka qaayahiisa;
Oo Quraan baa wada qaalibane[94] aduun baan kaa qabsadey;
Oo qul-hu-walluhu waa Quraan quudna waa noqdaa;
Qul-hu-walloow qowl Alloow Quraanka qaayahiisa;
Oo inta qabuuraha jirtaa lagu qaboojiyaa;
Qul-hu-walle loo baxshiyo quud hadday helaan;
Sida daruur hoortay bay ducada hooriyaan;
Qul-hu-walle loo baxshiyo quud haddaanay helin;
Sida qun[95] geel ooman bay ololka badinayaan;
Qul-hu-walloow qormo na furoo, maanlintii qiyaamaha;
Na furo oo na foosiyoo fandanbeed[96] na saar;
Na furo oo na fuushiyo geenyana na saar aan gargaar janno
hellee.

13. Alla Bariga

Rabbanaa yaa Rabbanaa yaa Rabbiyoow
Raxmaddaada noogu roonoow yaa Rabbiyoow
Nin ba qowluu yidhi waa loo qorayaaye
Rabbanaa yaa Rabbanaa yaa Rabbiyoow

---

[94] Wada qaaliban = wada qaayo badan
[95] Qun = fiican ama wanaagsan.
[96] Fan danbeed = Halkan waxa looga jeedaa "geenyada aad
fuushan tahay fankeeda na saar. Fan danbeed waa aagaan yar
(ama geesa-yar) oo biyo ah oo lagu xidho doonta dabadeeda.

Alla yaa Rabbiyoow allaa yaa Rabbiyoow na raaci
Rasuulkayaga
Alla yaa Raxmaan alla yaa Raxiim Rabbiyoow na gee
Nebigaya rugtiisa.
Alla yaa Raxmaan alla yaa Raxiim Rabbiyoow na raaci
Rasuulkayaga.

14. Nebi Ammaan

Bureeqada Nebiga yaa badda kaga tallaaboo,
Allah Allaah;   (x2)
Bashiiroow Maxammed yaa baashiisa dega ee,
Allah Allaah;
O yaa Sitiyaalihii[97] soo wada bariidshoo,
Allah Allaah;
Bashiirow Maxammed yaa baashiisa dega ee.

15. Aamina

Ummoy Aamina ma'aragteen, indha malaa'igleey;
Aragnayow waxay fadhiday, irdihi Jannada;
Wa amranayd wa alfanayd, wa indha kuullanayd;
Afarta cukurbey[98] caseyd, waa cillaamanayd;
Boqaraddii waxay ahayd albaabada Janaada;
Awoowgeed nuur qaboobana waa ilko suubbanaa;
Ummushayoo aroortayoo, iilkii Jannaa looga dhigay;
Ummushayoo aroortay, irdihii Jannaday fadhiday;
Ummuliseed waxay ahayd, Afar malaa'igeed;

---

[97] Sitiyaalihii = dumarka lagu xuso Sitaadka.
[98] Cukur = dhudhunka iyo calaacasha is galahooda.

Allaa hooyadiisay ahayd, Ilaahna waa jeclaa;
Xaliima Sacda xambaartayoo, xambaartayoo xejisayoo
Xaaddiina waa ka xiirtay;
Alla Xaliimo lama xisaabinine, waa Xuur[99] baa layidhi,
Allahayoow sidii Xaliimo, Xuureey anna lay yidhaah;
Xabiib nuur bay xambaartayoo xejisayoo xaaddiina way ka
xiirtay;
Alla markii Nebiga loo geeyay baa samada loo hooriyoo;
Alla Maxamed waan waayeyoo, ilmadiina waygu taal;
Makaan ka doonay madiina soo dhex marey;
Alla hooyo maan lumine alla hooyo maan lumine;
Samada lay hanuuniyoo;
Alla xaliimo sacdaa xambaar tayoo xejisayoo xaaddiina ka
xiirtayeey.

16. Alla Mulkoow Maaligoow

Alla Mulkoow Maaligoow, alla Mulkoow Maaligoow,
Murig tirow Ilaah;
Hanna madoobaynin, alla hanna madoobaynin,
Maantaan[100] la kala maqnayn;
O maalintii bacadka kulul, oo maalintii bacadka kulul,
Biyo qaboow na sii.

---

[99] Xuur = Xuul-al-Cayn
[100] Maantaan = waa "Maalintaan" oo la soo gaabiyay.

17. Haajira

Haajira waxa ay ahayd mid ka mid aha labadii xaas ee nebi Ibraahiim (NKHA). Meeriskan waxa uu ka mid yahay kuwa ay dumarka Sitaadku qaadaan xilliga lagu gudo jiro Taraaraysiga.

Hooyo Nebi Ismaacil Haajira;

Maalintay qadhaadhahay Haajira;

La is-tubo Qiyaamaha Haajira;

Qaarbaa higaagane Haajira;

Qaarbaa hallaysane Haajira;

Yaanaan habaabine Haajira;

Hoonka noo garaacoo Haajira;

Hoygii Nebiga nagu hooy Haajira.

RAAD-RAAC

Buugaag

Axmed Ibraahin Cawaale, *Dirkii Sacmaallada: Meel ka soo jeedka Soomaalidii Hore (Sooyaal, Rumayn, Ilbaxnimo)*, 2012, Daabacaaddii 2aad, Iftin Press, Hargeisa

Evangeliste de Larajasse (1897), *Somali-English and English-Somali Dictionary*

The Holy Qur'an*: Tex, Translation and Commentary* by Abdullah Yusuf Ali, Amana Corp (Published in 1983).

Kapteijns, Lidwien with Maryam Cumar Cali, *Women's Voices in a Man's World*, (1999) Heinmann Portsmouth NH.

Lewis, I. M., *Saints and Somalis – Popular Islam in Clan-based Society*, the Red Sea Press, Inc, Asmara (1998)

Mohamed Diiriye Abdullahi, *Culture and Customs of Somalia* (2001), Greenwood Press

Qaamuus Af Soomaali (2013, Machadka Afafka ee Jabuuti.

Qoraallo/Maqaallo

Ahmed I. Osman, *The Emergence of "al-Madih an-Nabawi", Oral Religious Poetry in Sudan.* Sudanese American Community Development Organization (SACDO), 2003.

Francesca Declich (2000). *Sufi experience in rural Somali. A focus on women.* Social Anthropology, 8, pp 295-318.

Kapteijns, Lidwein with Mariam Omer Ali, *Somali Women's Songs for "the Mothers of Believers"*, (1995), African Studies Centre, Boston University,USA.

Kapteijns, Lidwein, *Somali Women's Songs for the First Ladies of Early Islam*, ISIM Newletter, Vol. 3/99

Pir-o-Murshid Inayat Khan, *a Sufi Message of Spiritual Liberty*, London (1914)

Samatar, I. Ahmed, *the Women's Mosque in Gebilay*, (2000)

Tiilikainen, Marja, *Sitaat as Part of Somali Women's Everyday Religion*

Tiilikainen, Marja, *Somali Health Care System and Post-conflict Hybridity*

Mehrunisha Sueliman iyo Afeef Rajbee, *The Lost Female Scholars of islam.*

Waheeda Carvello, *The Impact of Marginalizing Women in the Islamic Movement.*

FAALLO KU SAABSAN QORAAGA

Axmed Ibraahin Cawaale waxa uu ku dhashay degaan u dhow Buurta Gacan Libaax ee Gobolka Saaxil. Xeel-dheeridiisa aqooneed waa culuunta Xisaabaadka iyo Deegaanka. Waxa u ku hawllanaa muddo ku siman 22 gu' dhinaca samo-falka iyo horumarka.

Waxa uu hore u qoray buugaatan:

1. *Qaylo-dhaan Deegaan: Qoraallo Xulasho ah* (2010), (Environment in Crisis with Focus on Somali Environment). Ponteinvisible, Pisa, Italy.
2. *Dirkii Sacmaallada* (2012): *Meel-ka-soo-jeedka Soomaalidii Hore: Sooyaal, Rumayn, Ilbaxnimo.* Iftin Press, Hargeysa, Somaliland.

Cilmi-baadhisyada uu sameeyay iyo qoraallada/maqaallada:
3. Climate Change Stole our Mist – the Decline of Mist Levels over Gacan Libaax mountain (2007).

4. Domestication of Henna (*Lowsonia inermis*) in Somaliland, 2001
5. The Environmental Challenges of Somaliland (2011)

Cilmi-baadhisyada uu ka qayb qaatay:
6. Perinneal Plants Mortality in the Guban Areas of Somaliland (2011)
7. Impact of Climate Change on Pastoral Communities of Salahlay & Balli-Gubadle Districts, Somaliland (2009).

8. Proliferation of *Prosopis Juliflora* in Somaliland, (2006).
9. Impact of Civil War on the Natural Resources: A Case Study for Somaliland (2006).
10. Case Study: Integrated Community–based Resource Management in the Grazing lands of Ga'an libah, Somaliland (2004).